Alexander Mitscherlich
Die Unwirtlichkeit unserer Städte
Anstiftung zum Unfrieden

Suhrkamp Verlag

Geschrieben 1965

Einmalige Sonderausgabe 1996

edition suhrkamp 3311
Erste Auflage 1965
© Suhrkamp Verlag, Frankfurt am Main 1965. Printed in Germany. Alle Rechte
vorbehalten, insbesondere das der Übersetzung, des öffentlichen Vortrags sowie
der Übertragung durch Rundfunk und Fernsehen, auch einzelner Teile. Satz:
Georg Wagner, Nördlingen. Druck: Nomos Verlagsgesellschaft, Baden-Baden.
Umschlagtypographie: Willy Fleckhaus.

1 2 3 – 96

edition suhrkamp 3311

Redaktion: Günther Busch

»Gegenstand von Alexander Mitscherlichs brillant formulierten, aus profunder Kenntnis vorgetragenen Polemik sind die menschenfeindliche, weil aufs Merkantile gerichtete moderne Städteplanung, der Egoismus der Grundstückbesitzer und Bauherren und – nicht zuletzt – die Furcht unserer Politiker, durch unpopuläre, aber fürs allgemeine Wohl dringend erforderliche Maßnahmen ins Fettnäpfchen zu treten. Eindringlich entwickelt Mitscherlich, welche psychischen Schädigungen und sozialen Defekte eintreten müssen, wenn Städte und Wohnungen ohne Kenntnis der gesellschaftlichen Erfordernisse geplant und gebaut werden.« *Wolfgang Werth, Hessischer Rundfunk*
Alexander Mitscherlich, geboren am 20. September 1908 in München, starb am 26. Juni 1982 in Frankfurt am Main. 1969 erhielt er den Friedenspreis des Deutschen Buchhandels.

Inhalt

Vorbemerkung

Dieses Buch gehört zu der in Vergessenheit geratenen Gattung der Pamphlete. Es möchte keinen einzelnen Missetäter anprangern, sondern den Trübsinn der Zeit in einer Sache, die sich ändern ließe – mit etwas Mut zur Einsicht. Aber dieser Mut ist nicht gefragt; der Motivation dieser Mutlosigkeit gilt der Hauptstoß, den das Pamphlet versetzen will.

Wer ein Pamphlet verfaßt, muß sich klar darüber sein, daß er nicht bloß Zustimmung zu erwarten hat. Nur seine Feinde werden vom Autor auch noch die Lösungen der angeklagten Mißstände verlangen. Seine Aufgabe ist die Anklage, das fordert genug Anstrengung für *einen* Mann.

Zudem ist der Autor sich im klaren, daß ein Volksaufstand zu befürchten stünde, wenn eine starke Gruppe seine These von der Neuordnung der Besitzverhältnisse an Grund und Boden in unseren Städten sich zu eigen machte. Das wäre ihm ein Trost, denn dann käme vielleicht die seit Jahrhunderten fällige deutsche Revolution; der Anlaß wäre ihrer würdig.

Deutschland, beruhige dich – sie wird nicht kommen, die Revolution. Es wird alles beim alten bleiben. Diese Seiten werden vergilben wie Manifeste und Pamphlete vor diesem. Darum widmet der Autor es auch gleich jenen Leuten, die dem Todestrieb unserer Zivilisation mit soviel naiver Emsigkeit und durchtriebener Schläue dienen:

den Hausbesitzern in Deutschland
und anderswo.

Der Blick auf die wachsenden Gebilde, die einstmals Städte

waren, zeigt uns, daß sie einem Menschen gleichen, der verzerrt wird durch krebsige Tochtergeschwülste. Vielleicht gibt es keinen Todestrieb; aber Umstände, die tödlich wirken. Davon ist hier die Rede, obgleich wir – wie alle, die je auf dem Pulverfaß saßen – so tun, als wäre alles unstörbar in bester Ordnung.

Die Unwirtlichkeit unserer Städte
Thematischer Aufriß

Unsere Städte und unsere Wohnungen sind Produkte der Phantasie wie der Phantasielosigkeit, der Großzügigkeit wie des engen Eigensinns. Da sie aber aus harter Materie bestehen, wirken sie auch wie Prägestöcke; wir müssen uns ihnen anpassen. Und das ändert zum Teil unser Verhalten, unser Wesen. Es geht um einen im Wortsinn fatalen, einen schicksalsbildenden Zirkel: Menschen schaffen sich in den Städten einen Lebensraum, aber auch ein Ausdrucksfeld mit Tausenden von Facetten, doch rückläufig schafft diese Stadtgestalt am sozialen Charakter der Bewohner mit.

Vollziehen sich nun sehr tiefgreifende geschichtliche Veränderungen, wie Vermehrung und Ballung der Menschen in den Städten, eine radikale Änderung der Produktionstechniken und der Verkehrsweise, dann stoßen sich die neuen Erfordernisse, die neuen Wünsche sehr hart an der alten Stadtform. Der Vorgang der Überwältigung ist grausam und unerbittlich. Was neu entsteht, hat vorerst aber noch keineswegs den Zuschnitt langerprobter Formen; genug, wenn die Befriedigung vorgegebener Spezialfunktionen gewährleistet ist: Verkehrs- oder Vergnügungszentrum, Wohnsiedlung, Industrievorort. Die hochgradig integrierte alte Stadt hat sich funktionell entmischt. Die Unwirtlichkeit, die sich über diesen neuen Stadtregionen ausbreitet, ist niederdrückend. Die Frage lautet: muß das so sein, ist das unausweichlich? Sie sei illustriert mit der Absicht, zum Erlebnis eines bewußten statt eines unklaren Mißbehagens beizutragen.

»Die Kunst, zu Hause zu sein« läßt sich sicher nicht auf die Wohnkultur im engeren Sinne beschränkt denken. Das wird vollends deutlich, wenn man sich überlegt, was eigentlich als das Gegenteil zur Kunst, zu Hause zu sein, gelten könnte. Da ergeben sich mehrere Möglichkeiten: zum Beispiel die Kunst, von zu Hause weg zu sein, also etwa die Kunst zu reisen. Unangenehmer wird es, wenn die »Kunst« selbst ins Gegenteil verkehrt erscheint: etwa ins Unvermögen, es zu Hause auszuhalten, wofür es den alten Ausdruck Budenangst gibt. Diese Antikunst des Daheimseins hat ein neues Requisit in der suchthaften Hingabe an das Fernsehprogramm; doch von diesen Formen der Unwirtlichkeit ist jetzt nicht die Rede. Angedeutet sei nur, daß die Wohnung, so sehr sie zum Kastell, zum Fort zu werden vermag, in dem ich mich von der Welt abschließe, doch Fenster behält, und die schauen auf die Stadt, bzw. auf das, was sie von diesem Standort aus zeigt. Stadt-Wohnung und Städter sind eine Einheit, die umschlossen wird von der angrenzenden Landschaft. Diese trägt nicht wenig dazu bei, ob wir uns an einem Ort zu Hause fühlen: Ist die Landschaft öde, wird der Wohnbereich wichtiger; umgekehrt ist es, wenn Landschaft und Klima zur Entfaltung der »Kunst«, außer Haus zu sein, einladen.

Wir hatten Anlaß, die Zerstörung unserer Städte zu beklagen – und dann die Formen ihres Wiederaufbaus; wir haben gegenwärtig Anlaß, die Zerstörung der an die Städte grenzenden Landschaften zu beklagen – und haben wenig Hoffnung, daß diese Schäden wieder gutzumachen sind. Nur weil die Gewohnheit abstumpft, wenn Bäume fallen und Baukräne aufwachsen, wenn Gärten asphaltiert werden, ertragen wir das alles so gleichmütig. Weil die Stadtwüste wächst, sind wir angesichts kommender Geschlechter gezwungen, unseren Verstand (nicht in der Form boden-spekulantischer Schlauheit) anzustrengen. Wir suchen nach Einsicht, die uns befähigt und vor allem die Kraft gibt, der großen Stadtverwüstung und Landzerstörung Einhalt zu gebieten. Die Unwirtlichkeit unserer wiedererbauten, un-entwegt in die Breite verfließenden statt kühn in die Höhe konstruierten, monoton statt melodisch komponierten Städte drückt sich in deren Zentrum ebenso aus wie an der Periphe-rie; dort, wo sich der Horizont der Städte immer weiter hinausschiebt und die Landschaft in der Ferne gar nicht mehr erkennen läßt, wo Sicht und Zukunft des Städters gleichermaßen verbaut scheinen.

Bleiben wir an dieser Peripherie. Jeder hat seine Augen-blicke, die ihn schockieren und zu neuem Bedenken eines Zustandes provozieren. Bei mir waren es Gänge durch Vil-lenvororte in verschiedenen Ländern: Deutschland, Italien, Holland, England, die mich zur Rechenschaft zwangen.

Durchstreift man diese oft reichen Einfamilienweiden, so ist man überwältigt von dem Komfortgreuel, den unsere technischen Mittel hervorzubringen erlauben. Deutschland und Italien bilden dabei eine echte »Achse« der rücksichts-freien Demonstration von pekuniärer Potenz und dem Ge-schmacksniveau von Devotionalienhändlern. Von Sans-souci-Assoziationen über Alpenchalets zu Breeker'scher Versicherungspracht ist alles zu haben: eine Anhäufung von Zufälligkeiten des Gestaltungswillens, ob er nun unter einer stolzen Pineta unterkriecht, wie in der Umgebung Roms, oder die Apfelwiesen des südlichen Taunus überzieht. Ich nehme an, daß diese Häuser neben dem Rasen, der sie alle in schöner Klassenbewußtheit umgibt, auch noch ande-res gemein haben, zum Beispiel perfekt getüftelte Küchen-einrichtungen, störungsfreie automatische Heizanlagen etc.

Hier wirkt das technische Zeitalter für seine Produkte stilbildend, und keiner kann aus der Reihe tanzen; der Fortschritt läßt ausnahmsweise keinen Rückschritt zu; das heiligste Ziel der Epoche: Bedürfnis-, Markterschließung, Designer und die Industrie schreiben diktatorisch vor, und der Bauherr kuscht wie selbstverständlich. Nicht so, wo es seinen Schmucktrieb, die Lust des Herzeigens betrifft. Da schwelgt er in Rundbögen und vorgekragten Blumenfenstern, in mosaikumrandeten Entrées, getriebenen kupfernen Dachrinnen und schmiedeeiserner Künstlichkeit.

Natürlich hat es immer Epochen des Protzentums gegeben. Darum geht es jetzt aber gar nicht, sondern darum, daß die – wie man in der Schweiz sagt – vermöglichen Leute aus den Städten ausgezogen sind und in den Vorstädten und Vororten jeden Halt, jeden Rest von städtischer Würde und stadt-bürgerlicher Obligation verloren haben. Mit Verlust der Obligation an die Stadt meine ich, daß dem sozial uralten Bedürfnis des Bauherrn, seinen Status zu demonstrieren, kein Kanon mehr vorgeschrieben ist, höchstens Firsthöhe und Abstand von der Straße. Er hat sich in eine Pseudo-Privatheit zurückgezogen, wofür es viele gewichtige Gründe in unseren lärmenden, verpesteten Städten gibt. Vom Geist der bürgerlichen Stadt her betrachtet, hat diese Entbindung eine schlimme Wirkung. Es werden, je nachdem, von welchen zufälligen Sympathiegefühlen man bewegt ist, Fragmente aus vorgegebenen, einmal verbindlich gewesenen Formgebungen aufgenommen und der Versuch gemacht, sie als Merkmal der eigenen Identität auszugeben. Was herauskommt – mit Hilfe des willigen Architekten – ist eine permanente Maskerade in Architektur und keine Identitätsfindung durch den Zwang, Verbindendes, Verbindliches zu variieren, ohne aus der Rolle, aus der Ästhetik der

Gruppe zu fallen. Denn ein Teil der eigenen Identität ist immer Stoff, der aus der Gruppe stammt; diese Verzahnung von Individuum und Gruppe wird im Stil bewußt. Mindestens wird bewußtseinsnäher, daß man im individuellen Ausdruck nicht aus der Reihe tanzen darf, dem Ganzen eines Platzes, einer Melodie der Straßenfronten sich einzuordnen hat. Das Vorort-Einfamilienhaus, dieser Nachkömmling der noch stadtbezogeneren Villa des späten 19. Jahrhunderts, ist der Begriff städtischer Verantwortungslosigkeit: Dem Bauherrn ist gestattet, seine Wunschträume mit seiner Identität zu verwechseln. Für diesen Sachverhalt müssen wir einen klaren Blick gewinnen.

Ich möchte jetzt nicht mit einer Schilderung der finanziellen Decrescendos ermüden über das Wüstenrot- und Leonberghaus, die Bimsblock-Tristesse, die sich um jedes einigermaßen stadtnahe Dorf legt, bis zu den geplanten Slums, die man gemeinhin sozialen Wohnungsbau nennt und die einem in ihrer Monotonie an den Ausfallstraßen der Großstädte die Lektion erteilen, daß alles noch viel schlimmer ist, als man es sich einreden möchte.

Man wird mir trotzdem vorhalten, daß diese Schilderung von einer sarkastischen oder depressiven Stimmung eingegeben sei. Zugestanden: aber machen nicht unsere Städte, so wie sie wiedererstanden sind, wenn man nicht in ihnen zwischen Büro, Selbstbedienungsladen, Friseur und Wohnung funktioniert, sondern wenn man sie betrachtet, als spaziere man in der Fremde umher und sehe sie zum ersten Mal – machen sie dann nicht depressiv? Kann man in ihnen, die keine von Bäumen bestandenen Boulevards mehr haben, keine Bänke, die sich zum Ausruhen im faszinierenden Kaleidoskop der Stadt anbieten – kann man in ihnen mit Lust verweilen, zu Hause sein?

Sicher, es gab Menschen, bevor es Städte gab. Das sind in der Tat prähistorische Vorfahren. Die Stadt ist so alt, daß man den Städtebau als etwas dem tierischen Instinktverhalten Ähnliches ansehen darf. Der Trieb, der die Biber zu den kunstvollen Schutzanlagen für ihre Bauten zwingt oder die Vögel zur Gestaltung ihrer Nester, der ist, wie immer weiter entfaltet – oder auch verkümmert –, im Bau der menschlichen Behausungen am Werk. Der Biologe Adolf Portmann schreibt dem Lebendigen die Tendenz zur Selbstdarstellung zu. Damit ist ein den Organismen jeder Art innewohnender Zwang zur immer markanteren Entwicklung der Gestaltmerkmale und Verhaltensweisen gemeint. Sehen wir die Stadt in diesem Zusammenhang, dann treten zwei Funktionen hervor, die sie für ihre Bewohner hat. Sie ist, einerseits, Ort der Sicherheit, der Produktion, der Befriedigung vieler Vitalbedürfnisse. Andererseits ist sie der Nährboden, der einzigartige Ort der menschlichen Bewußtseinsentwicklung – sowohl im Einzelnen wie auf der Gruppenebene als Wir-Bewußtsein.

Und in der Tat sind es diese Merkmale, um deren ausgeprägtere, perfektere Darbietung durch die Geschichte gerungen wird. Erinnern wir uns an all die Türme und Mauern, Plätze und Theater, aber auch an Stadtgestalten als ganze, an die Silhouette Roms, wie sie sich aus dem Sommerdunst der Campagna erhebt, an die Skyline New Yorks bei der Einfahrt in den Hafen. Sie wirken, mit Richard Neutra zu sprechen, als Psychotope – als seelische Ruhepunkte, stellen ein Stück der Selbstvergewisserung für den dar, der dieser Stadt mit verdankt, was er ist. Wer an einem Herbsttag durch Amsterdam oder im Dezember durch Arles oder Venedig wandert, spürt das Unverwechselbare dieser Gebilde. Ob jemand hingegen die Wohnsilos von

Ludwigshafen oder von Dortmund vor sich hat, weiß er nur, weil er da- oder dorthin gefahren ist. Die gestaltete Stadt kann »Heimat« werden, die bloß agglomerierte nicht, denn Heimat verlangt Markierungen der Identität eines Ortes.

Dies alles wird nicht als negative Kritik vorgebracht – wie schön war es doch einst, und wie wenig schön ist es heute! Erstens war es niemals, bei aller städtischen Lebensfreude, besonders anziehend, unter vielen Menschen zu leben, und zweitens geht es nur darum, festzustellen, daß der gesellschaftliche Gesamtprozeß nicht abzuhandelnde Änderungen unserer Existenzgrundlagen geschaffen hat. Die gilt es zu sehen – so bewertungsfrei wie irgend möglich; und das fällt uns schwer. So tun wir zum Beispiel in den Einfamiliensiedlungen so, als bestünden keine Anlässe, Konsequenzen prinzipieller Art zu ziehen. Man paßt sich an, man zieht ein wenig um und hinaus ins Vorortgrün, und das ist alles; oder es sind mehr Menschen zu behausen – also baut man mehr Unterkünfte nebeneinander, und das ist alles. Ich wage dem die These entgegenzustellen: das schafft *faits accomplis*, die auf eine verbaute Zukunft des Stadtbewohners hinauslaufen. Nicht weil es nicht besser ginge – sondern weil man es nicht wagt, in neuen Konzepten zu denken, weil man die umstürzenden Konsequenzen der Wandlungen im gesamtgesellschaftlichen Prozeß weitgehend leugnet. Zum Beispiel: ist die Entmischung von Wohn- und Arbeitsgegend so notwendig, wie uns dies suggeriert wird? Das mag für die »schmutzigen« Industrien noch angehen, nicht aber für die zahllosen sauberen Fertigungs- oder die Verwaltungsbetriebe gelten. Eine berufstätige Mutter, die in wenigen Minuten zu Hause sein kann, verliert keine wichtige Zeit des Zusammenseins mit den Kindern durch lange Verbindungswege. Tausenderlei solcher Beispiele zeigen den

Unsinn der Entmischung der Stadtfunktionen, die trotzdem weiter gefördert wird. Am wenigsten scheint diese Stadtzerstörung dem kritischen Verstand der Städtebewohner zu bekommen. Das ist es: die Stadt dieser Art wird zur Provinz, der citoyen, der Stadtmensch, zum bloßen Bewohner einer wenig rühmenswerten Gegend. Der Mensch wird so, wie die Stadt ihn macht, und umgekehrt; mit fortschreitender Urbanisierung trifft das auf immer mehr Menschen zu.

Wir haben nach dem Krieg die Chance, klüger durchdachte, eigentlich neue Städte zu bauen, vertan. Oder anders ausgedrückt: wenn Städte Selbstdarstellungen von Kollektiven sind, dann ist das, was uns hier an Selbstdarstellung begegnet, alarmierend. Wem ist das zuzuschreiben? Den Architekten, den Bauherren, den Stadtbauämtern, den Planungsämtern? Den Stadtparlamenten? Es muß kein Sündenbock gefunden werden – aber auch die Antwort: alle werden schuld haben, ist nichtssagend.

Um die Analyse etwas ergiebiger zu machen, muß man zuerst diese Schuldfrage ausklammern. Alle hätten Besseres gewollt, wenn sie gekonnt hätten. Warum haben sie nicht gekonnt? Zwei Vorgegebenheiten spielen ineinander: ein rastlos Druck ausübendes und ein retardierendes Moment. Das Handlungen erpressende Moment – die Vermehrung und gleichzeitige Ballung von Menschen mit all den Verkehrsproblemen – wird gern und immer wieder genannt; das bremsende ist ein Tabu. Dementsprechend können wir uns beim ersten kürzer fassen und müssen, so peinigend es sein mag, beim zweiten Moment, den Besitzverhältnissen an städtischem Grund und Boden, ausführlicher verweilen.

Wenn ich die Situation noch einmal als Biologe auslege, so muß zugestanden werden, daß es der Städteplaner mit Verhältnissen zu tun hat, die ihren natürlichen Rahmen völlig

gesprengt haben. Der Menschheit in ihren technisch fort-
geschrittenen Teilen ist es gelungen (und gelingt es in den
Entwicklungsländern mit großer Schnelligkeit), sich ihrer
natürlichen Feinde oder Widersacher zu entledigen. Sie hat
den Haushalt der Erde gründlich in Unordnung gebracht.
Es ist nicht der geringste Grund vorhanden, sich noch an die
Devise zu klammern, mit der der deutsche Kaiser das Jahrhundert eingeläutet hatte: »Ich führe Euch herrlichen Zeiten
entgegen!« Vom Stadtplaner wird verlangt, daß er etwas,
was ungezügelt gewachsen ist, nachträglich in Ordnung ein-
fängt – und das noch in Quantitäten, die in der Geschichte
bisher unbekannt waren. Wir beobachten ein schroffes
Nebeneinander von Rationalität und blinder Selbstsucht.
Ja noch schlimmer: Rationalität und Selbstsucht sind oft
eins, weil Rationalität sich in unserer Gesellschaft meist nur
auf unmittelbare, begrenzte Zwecke bezieht, nicht auf die
Stimmigkeit des Ganzen.
Die Menschheit wächst mit einer zentrifugalen Progression,
die alle Planungen noch vor ihrer Verwirklichung überholt.
Da werden Häuser über Häuser in wildem Durcheinander
oder in erschreckender, starrer Gleichförmigkeit gebaut,
ohne daß irgend jemand die spezifische Aufgabe in den
Griff bekäme, in dieser, wie Isbary mit einem treffenden
Paradoxon es benannt hat, »explosiven Ballung« einen
unersetzlichen Vorgang anzustoßen, und zwar das Ein-
schwören, das Verpflichten der einzelnen Gruppenmitglie-
der, den Interessen der ganzen Gruppe den gebührenden
Tribut zu entrichten. Da uns die technischen Möglichkeiten
in die Hand gegeben sind, die vernünftigsten Dinge von der
Welt ungehemmt für ideologischen Terror auszubeuten,
kann alles leicht zum Unsinn entarten: Du bist nichts, dein
Volk ist alles, war ein solcher sinnloser Wahlspruch – eher

ein Wahnspruch, der nach dem Mißbrauch den schieren Egoismus hinterlassen hat.

Im Zustand dieser tiefen Störung der inneren Gruppenorientierung fällt dann aber die stimulierende Anregung des Einzelnen durch den spezifischen Esprit der Gruppe aus. Dabei war es doch gerade dieses Wechselverhältnis zwischen der Begabung Einzelner, die die Gruppe aufschreckten, und den in der Gruppe lebendigen Leitbildern, die den Einzelnen anregten, was die Stadt, nicht allein in ihren klassischen Exemplaren, charakterisierte. Das alles stimmte bis zum Einbruch der industriellen Technik, die sich als antistädtisch erwies. Sie lagerte sich in ihren ersten Phasen den Städten an, quoll ins flache Land und höhlte zugleich die vorindustrielle Substanz der Städte bis auf museale Reste aus. Sie schuf Siedlungsverdichtungen, Ballungsräume der Produktion, und vorerst nichts der herkömmlichen Stadt Ähnliches und noch wenig überzeugend Neues, wenngleich alles in großer Quantität.

Es steht also überhaupt nicht mehr in Frage, daß wir alte Städte, Gebilde, von denen wir wie von einer Vorzeit weit getrennt sind, neu schaffen, wiederbeleben, uns als Richtmaß vorhalten könnten. Unsere Aufgabe liegt bei einer neuen Selbstdarstellung. Vorher muß von einer geschichtlichen Veränderung des Menschen selbst in einer von ihm geschaffenen neuen Umwelt Kenntnis genommen werden. Nichts anderes als ein in Städten geschultes Bewußtsein hat die technische Welt hervorgebracht – und diese technische Welt verlangt nun ihrerseits hohe Bewußtheit als Integrationsleistung. Hier sind wir statt dessen konfus, tränenreich, von allerlei Flucht- und Verleugnungstendenzen beherrscht (wie zum Beispiel die jährlichen Urlaubsmigrationen zu noch »unberührten« Gestaden zeigen). In diesem überraschend geschaffenen Umweltraum vollziehen sich, wie immer in der Entwicklung, nur besonders akzentuiert, die Konflikte zwischen älteren biologischen Funktionen, bewußtseinsfern gebliebenen Reaktionen, wie etwa den primitiven Selbsterhaltungsreflexen, und den planenden Anstrengungen, die nach neuer Verbindlichkeit suchen. Was ich vom Villenvorort sagte, bringt ganz unverhüllt vor Augen, wie man geschichtliche Herausforderungen verleugnet. Und wenn ich an die giebeldächigen Wohnblocks denke, zu denen einem das alte Wort Kaserne und sonst nichts einfällt – aber Kasernen sollen zum Teil heute freundlicher als diese Häuser sein, vielleicht weil Soldaten knapp sind, nicht aber Wohnungssuchende –, wenn ich also diese Wohnblocks betrachte, dann erscheinen sie mir als der Inbegriff der Kapitulation vor der hohen Kopfzahl. Die Monotonie der Fensterreihung der meisten Hochhäuser und der starren Addition von Siedlungshäusern sind ein abstoßender Beweis für die schwache Fähigkeit, gestalterisch mit den biologischen Prozessen (der Vermehrung) und den technologisch ausgelösten (der Ballung) Schritt zu halten.

Alte Städte hatten ein Herz. Die Herzlosigkeit, die Unwirtlichkeit der neuen Bauweise hat jedoch eine ins Gewicht fallende Entschuldigung auf ihrer Seite: das Tabu der Besitzverhältnisse an Grund und Boden in den Städten, welches jede schöpferische, tiefergreifende Neugestaltung unmöglich macht.

Es ist wohl von niemandem ernstlich bestritten, daß die Misere des deutschen Wiederaufbaus eng mit der Zufälligkeit der Besitzverteilung, den spekulativen Bodenpreisen und dem ausgebliebenen politischen Versuch zu räumlicher Neuordnung der Stadtareale zusammenhängt. Denn Privatbesitz, unbeschadet seiner unter Umständen für die Gemeinschaft tödlichen Auswirkungen, ist ein Tabu, ein Fetisch, an den niemand zu rühren wagte. Keine der gesetzgebenden Körperschaften, keine der Parteien.

Nun wird man einwenden, das Experiment des russischen Kommunismus zeige uns, daß es sich da um eine Ordnung oder Neuordnung oder Neu-Unordnung handle, die uns nicht erstrebenswert erscheint. Darauf läßt sich antworten: gut – aber seit wann beweist ein nicht geglücktes Experiment, daß das, was man damit erreichen wollte, falsch ist? Und seit wann ist es in unserer experimentierfreudigen Zeit (soweit es sich nicht um die Sphäre des Politischen handelt) ausgemacht, daß ein mißlungenes Experiment notwendig den Schluß zur Folge hat, Experimente als solche seien etwas zu Vermeidendes? Im Gegenteil: sie sind unvermeidlich.

Jeder Einsichtige weiß, daß die Notwendigkeit, zu einer Neuregelung der Bodenbesitzverhältnisse in den Städten zu kommen, überhaupt nichts mit Ideologie zu tun hat, sondern eine Konsequenz der veränderten Lage darstellt, in der wir alle uns befinden. In den Gegenkräften, die hier Angst säen, längst überholte Sozialkrisen und ihre Devisen (zum Beispiel: Expropriation der Exropriateure) als Schreckgespenster an die Wand zu malen, in diesen Gegenkräften kommen die bewußtseinsfeindlichen Züge, kommen die Aspekte primitiver Trieborganisationen in unserem Charakter ans Licht und zur Wirkung. Wir alle haben sie in uns. Denn wir alle sind selbstsüchtig. Was anderes als der Gruppenkanon könnte uns dazu zwingen, unsere Interessen eine Strecke weit denen der Gemeinde unterzuordnen? Dabei wäre dieses vom Bewußtsein getragene Unterordnen nur Voraussetzung für besseres Aufgehobensein, für eine dem technischen Zeitalter adäquatere Form, dem Individuum

Spielraum zu geben. Aber dieser Kanon fehlt, und deshalb verprovinzialisieren unsere Städte in Unwirtlichkeit, verfällt die städtische Hochkultur, die einmal die Trägerin der Aufklärung war.

Ebenso scharf wie folgenlos hat der Kölner Oberbürgermeister der zwanziger Jahre, Dr. Konrad Adenauer, die Lage dargestellt: »Wir sind die erste deutsche Generation, die Großstadtleben wirklich durchlebt hat. Das Ergebnis kennen Sie alle. Wir leiden nach meiner tiefsten Überzeugung in der Hauptsache in unserem Volk an der falschen Bodenpolitik der vergangenen Jahrzehnte. Ich betrachte diese falsche Bodenpolitik als die Hauptquelle aller physischen und psychischen Entartungserscheinungen, unter denen wir leiden.« Und: »Die bodenreformerischen Fragen sind nach meiner Überzeugung Fragen der höchsten Sittlichkeit.«

Man sieht, vor den machtvollen Tabus kapituliert die »tiefste Überzeugung« der Politiker; denn was ist in der Ära Adenauer zur Bodenreform geschehen? Nichts. Und in Fragen der Ethik empfiehlt sich größte Wachsamkeit; man möchte erlebt haben, wie sie funktioniert, wenn sie auf die Probe gestellt wird.

Daraus ist eine Konsequenz zu ziehen. Eine freiheitliche Städteplanung ist so lange unmöglich, als es kein Bewußtsein ihrer wahren Hemmnisse in der Bevölkerung gibt. Nicht zu erwarten ist, daß die Institutionen der politischen Öffentlichkeit, also die Parteien, den Besitzbestand antastende Forderungen erheben werden, solange sie nicht von der Wählerschaft unter Druck gesetzt werden. Ich kann nur an die Zivilcourage der Städteplaner und Architekten appellieren, im Elan des Entwerfens, Voraus- und Umdenkens nicht zu erlahmen. Sie sind die Fachleute, die der Vernunft gegen die irrationalen und egoistischen Motive der

Bodenbesitzer den Weg bahnen müssen. Es wird nicht ohne grobe Verdächtigungen von der Gegenseite abgehen. In diesem Tabu von der Heiligkeit des Besitzes, besonders des Grundbesitzes (denn unser Geld hat man uns schon oft genommen) – in diesem Tabu stecken nicht zu unterschätzende emotionelle Kräfte. Sie zu entdecken, zu entziffern und der Einsicht zugänglich zu machen, ist ein heißes Problem. Vorerst wird es der Baufachmann nicht anpacken, weil er gegen den Egoismus der Besitzenden machtlos ist. Der Politiker wird es noch weniger tun, weil er sich davon keine Stimmen verspricht, wohl aber die Verketzerung: Du Kommunist! fürchtet. Also kann erst eine genau bezeichnete Unzufriedenheit der ausgebeuteten Besiedler der Städte eine Änderung erzwingen.

Hamburgs Stadtbaumeister Hebebrand hat auf eine Regelung der städtischen Bodenverhältnisse hingewiesen, die durch lange Jahrhunderte im Mittelalter bestanden hat und als Anregung für die Lösung uns aufgegebener Probleme wertvoll erscheint: es ist das Prinzip der Erbpacht, »eine klare Trennung von Boden und Bauwerk; juristisch ausgedrückt – ein Obereigentum und ein Untereigentum«. Das Obereigentum liegt bei der Stadt, das Untereigentum beim Bürger. Es bedarf sicher großer Anstrengungen, um eine gerechte und als gerecht empfundene Lösung in unserer Lage zu erarbeiten. Aber es schien mir ein charakteristisches Zurückweichen vor der mit soviel hemmenden Emotionen besetzten Problematik, daß Hebebrands Gedanken auch im Kreis der Fachleute in der Diskussion übergangen wurden. Immerhin berichtete Hebebrand vom Kongreß des Forschungsinstituts für die lombardischen Städte 1962 in Stresa. Dort kam man zu dem Schluß, daß, »wenn der Westen nicht eine sehr viel stärkere Planung

auf allen Gebieten betreibe und – damit zusammenhängend –
nicht stärkeren Einfluß auf die ›Kontrolle des Grundes und
Bodens‹ gewänne, er niemals gegen den ›Osten‹ gewinnen
könne. Man sprach sehr offen und deutlich in diesem Zusammenhang vom ›Chaos‹, das vor der Tür stehe.« Ich
denke, es ist schon durch die Tür getreten! Man merkt es
an der Unwirtlichkeit unserer Städte.

Auch im Binnenraum der technischen Zivilisation, der ihn
mehr und mehr als sekundäre, für ihn allein relevante Quasi-
Natur umgibt, bleibt der Mensch der primären verhaftet. Seine
Anpassungsfähigkeit ist zwar außerordentlich; was dabei
aber leicht übersehen wird, ist die Tatsache, daß offenbar
nur unter Einhaltung bestimmter Minimalbedingungen die
Kümmerform seines Existierens überschritten wird. Mit anderen Worten: die Geschichte der Menschheit ist, wie die
Ethnologie lehrt, voll von Beispielen unproduktiver, eben
kümmerlicher Gesellungsformen, deren mentales Niveau
sehr bescheiden blieb. In der Vergangenheit waren es vornehmlich die unzureichenden oder einseitigen Ernährungs-
bedingungen, klimatische Ungunst oder natürliche Feinde,
die bedrückend wirkten. Im Binnenraum der zweiten, indu-
strietechnischen Natur sind es andersartige feindliche Be-
lastungsfaktoren, die eine freie Entwicklung der menschlichen
Fähigkeiten schleichend, aber deshalb nicht weniger gravie-
rend hemmen und zu typischen Verkümmerungen führen
können. Nochmals: Es ist nicht besser oder schlechter, als
es früher war – es ist anders. Und mit dieser unvorhersag-
baren Entwicklung des menschlichen Lebens müssen wir
rechnen. Es *hat* sie nie gegeben und es *wird* auch nie eine
beste menschliche Selbstdarstellung geben – es gibt immer
neue, andere – aber eben auch so sehr neuartige, daß wir
von Mutationsvorgängen sprechen dürfen, wie es Julian

Huxley, Waddington und, aus ganz anderer Perspektive, der geistreiche Franzose Pierre Bertaux tun.

Dieser Menschentyp ist ein Produkt der Erziehung. Der junge Mensch ist noch arm an höherer geistiger Leistungsfähigkeit – er ist weitgehend ein triebbestimmtes Spielwesen. Er braucht deshalb seinesgleichen – nämlich Tiere, überhaupt Elementares, Wasser, Dreck, Gebüsche, Spiel-raum. Man kann ihn auch ohne das alles aufwachsen lassen, mit Teppichen, Stofftieren oder auf asphaltierten Straßen und Höfen. Er überlebt es – doch man soll sich dann nicht wundern, wenn er später bestimmte soziale Grundleistungen nie mehr erlernt, zum Beispiel ein Zugehörigkeitsgefühl zu einem Ort und Initiative. Um Schwung zu haben, muß man sich von einem festen Ort abstoßen können, ein Gefühl der Sicherheit erworben haben. Wenn der Jugendliche aus den Slums oder aus komfortablem Vorstadtmilieu mit emotioneller Spar- und Rohkost aufgezogen – wenn beide Jugendliche, äußerlich so verschiedener Herkunft, plötzlich sadistische Gewalttaten verüben, an blindem Zerstörungsdrang Gefallen finden, wenn der Städter, dem die Einsamkeit angeblich nichts anhat, Jahr für Jahr mehr Alkohol trinkt, nicht weil er sich am Saft der Trauben labt, sondern weil er sich besaufen muß, wenn er Jahr für Jahr blindlings mehr Kilometer herunterrast in seiner zwecklosen Freizeit, weil er es nirgends mehr aushält – dann wird mir eine gewisse, sich ganz unsentimental gebende soziologische Auffassung, die das alles als Unvermeidlichkeiten des sozialen Daseins hinzunehmen bereit ist, fragwürdig. Es gibt einen modernen Snobismus: er kommt sich wirklichkeitsnahe, aufgeklärt vor, weil er die sentimentalen Rückwärtsträume unter der Last dessen, was uns gegenwärtig weh tut, nicht mitmacht; aber de facto vollzieht er ein faules appeasement mit allem, was ungekonnt, brutal, verachtungswürdig an unserer Gegenwart ist. Ich rechne auch einige Soziologen und Sozialpsychologen unseres Landes zu dieser Gruppe der *geheimen Beruhiger*.

Hier hätte die harte Kritik anzufangen. Warum werden unsere städtischen Kinder nicht wie Kinder von Menschen behandelt, sondern wie Puppen oder Miniaturerwachsene, von infantilisierten Erwachsenen umgeben, deren städtische Vorerfahrungen sie dermaßen beschädigt haben, daß sie schon gar nicht mehr wissen, was der Mensch bis zum 6., bis zum 14. Lebensjahr für eine Umwelt braucht, um nicht später ein Renten- und Pensionsbettler zu werden?

Das, und nicht nur die ästhetische Gestalt unserer Städte, ist zu bedenken, will man die Ursachen ihrer Unwirtlichkeit und der verbauten Zukunft der Städter auffinden. Der Mensch und seine Umwelt sind untrennbar. Der städtische, genauer: der Mensch der Siedlungs- und Produktionszentren und die Lebensbedingungen, die diese technischen Räume ihm geben, sind untrennbar. Wenn es nicht nur zu einer Planung für einen enthemmten Prozeß der Vermehrung und der wirtschaftlichen Produktion und des Verbrauches kommen soll, oder bei ihm sein Bewenden haben soll, dann müssen wir ganz scharf zu sehen lernen: was ist gelungene Anpassung und was ist *Biopathologie* der industriellen Massenzivilisation.

Es ist natürlich lukrativer – wie die Dinge liegen –, ein Rasenstück an eine Versicherungsgesellschaft zu verkaufen, statt einen Spielplatz für Kinder daraus zu machen. Es ist ungleich bequemer, die noch produktiven alten Menschen irgendwo an gottverlassenen Orten in Altersheime auszusiedeln, als sich zu bemühen, Lösungen zu finden, in denen sie produktiv, und wenn nicht mehr dies, so doch respektiert unter uns bleiben können. Manches Altersschicksal verliefe anders, wenn die Struktur unserer Siedlungsräume nicht von borninerter Profitgier verzerrt wäre.

»Nachbarschaft«, dieses sentimentalisierte Schlagwort, behält trotzdem seinen Aussagegehalt. Ohne emotionelle Nachbarschaft kann keine reife Menschlichkeit entstehen. Der Mensch ist ein Sozialwesen; »Nachbarschaft« aber, so sagt Elisabeth Pfeil [1], muß immer funktional gesehen werden; nur wo man auf den Nachbarn angewiesen ist, macht man von ihm als Nachbarn Gebrauch. In unseren Städten wird aber jede Anstrengung zur kommunikationslosen Bedürfnisbefriedigung unternommen. Die vollendete Auflösung der städtischen Gesellung spiegelt sich in dem Wort »Selbstbedienung«.

So kann man an zahlreichen Stellen die kritische Beobachtung ansetzen. Was ist gelungene Bewältigung unserer Lebensproblematik, was ist Ausbeutung in neuem Gewand? Was wirkt bindend, beheimatend? Wo kann man den Horizont offen halten, und wo rennt man in die Selbstzerstörung?

Es ist der Mühe wert, diese Analysen zu versuchen, immer neue Experimente zu wagen, immer deutlicher die Tabus zu durchleuchten, denn wenig Heiliges und viel Egoistisches steckt in ihnen. Es ist aller Mühen wert, weil die Menschheit, wie sie geworden ist, in den *Städten* ihre Wurzeln hat. Die Stadt ist der Geburtsort dessen, was wir bürgerliche Freiheit nennen, dieses Lebensgefühls, das sich dumpfen Herrschaftsgewalten widersetzte. Es könnte sein, daß die Struktur dessen, was wir gewohnheitsmäßig noch Stadt nennen, sich so verändert, daß sie kein Biotop mehr für freie Menschen ist, sondern eine soziale Umwelt, aus welcher, wie früher aus der natürlichen, unbegreifliche Katastrophen –

1 E. Pfeil: *Zur Kritik der Nachbarschaftsidee.* Arch. f. Kommunalwissenschaften 2, 1963, 40

Kriege statt Seuchen – hereinbrechen. Die große Arbeits-
losigkeit, die ideologische Sturmflut des Nazismus und
Faschismus waren solche Katastropheneinbrüche aus dem
Milieu der technischen Massengesellschaft. Diesen neuen
Gefahren einer, wie die Soziologen sagen, »zunehmenden
Vergesellschaftung der Individuen«[2] ist nur mit einer besseren Befriedung der Affekte des Menschen beizukommen.
Befriedung soll nicht heißen Verödung der Leidenschaften
durch Überanpassung im Auftrag des »großen Bruders«;
denn Befriedung meint nicht Abwehr der Leidenschaften
und Kanalisierung in manipulierten Richtungen, auf mani-
pulierte Objekte hin, sondern höhere Cerebrierung. Mehr
Intellektualität, freierer, bewußtseinskontrollierter Umgang
mit der Triebnatur, ein festeres Verhältnis von Einsicht und
Leidenschaft. Das ist wünschenswert – aber es könnte leicht
sein, daß der spürbare Mutationsschritt zur höheren Bewußtheit in einem relativ langsamen Verwirklichungstempo
sich vollzieht, während er zugleich mächtige Gegenkräfte in
Gang gesetzt hat, die nichts anderes im Sinn haben, als die
zerbrechliche Spielbreite der menschlichen Freiheit einzuschränken, wenn nicht zu vernichten. So optimistisch sollten
wir nicht sein, zu glauben, daß der Mensch in jedem Fall am
Leben bleibt. Er bleibt vielleicht am Leben, die Frage ist
aber, ob als freier, als einer also, der überhaupt mit diesem
Wort Freiheit noch einen Sinn und ein Ziel verbindet. –
Was aus dem Biotop unserer Städte wird, trägt zu der Entscheidung bei, welche Seite in diesem Geschichtsabschnitt
den Wettlauf gewinnt.

2 Vgl. Ch. v. Ferber: *Zum Begriff der gesellschaftlichen Konzentration*,
in: Delius, H. und G. Patzig (Hrsg.): Argumentationen. Göttingen
(Vandenhoeck & Ruprecht), 1964

Anstiftungen zum Unfrieden
Interpretation des Themas

I

Zuerst die Hauptsache. Wie oft bei Hauptsachen ist sie gar keine Sache, sondern eine Einstellung. Erst wenn man die Einstellung ändert, enthüllt sich etwas Wichtiges.

Es ist klar, daß Städte von Menschen bewohnt werden. Trotzdem läßt sich beim besten Willen nicht behaupten, daß diese Binsenwahrheit, man müsse Städte so bauen, daß sie von Menschen bewohnbar werden, sich zum Beispiel den Unternehmern offenbart hätte, die von ihren sozialen Wohnungsbaugesellschaften recht ordentlich leben. Für sie gibt es Wohnungssuchende und Wohnungsinhaber, registrierte Anwärter und Mieteinkünfte. Umbaute Kubikmeter werden auf Kubikmeter getürmt. Das Ganze sieht wie ein durch Züchtung zu ungeheurer Größe herangewachsenes Bahnwärterhäuschen aus. In der spätbürgerlichen Poetik, die sich der Armenviertel annahm, hätte man von einem versteinerten Albtraum gesprochen, surrealistisch daran ist, daß er sechzig, siebzig Jahre später Wirklichkeit wird, in einer Gesellschaft, die sich fortschrittlich nennt. Aber das Wort »sozial« ist bis zur Unkenntlichkeit abgegriffen. Darin steckte doch einmal die Hoffnung, daß das Gesicht des Proletariats als Gesicht eines Menschen für die »Herrschaften« kenntlich gemacht werden sollte; statt dessen rücken die Angestelltenheere, Akademiker und Arbeiter in »Blocks« ein, in denen es kein bekanntes Gesicht geben kann. Erst eine Änderung der Einstellung kann das Problem sichtbar machen. Soziales Denken muß sich nicht mehr in erster Linie auf die materielle Armut beziehen, es muß in erster Linie die Zahl der Bewohner ins Auge fassen. Wie kann sich die große Zahl gliedern, so daß der Einzelne die Phase des »Wohnungssuchenden« mit Karteinummer zwar durchläuft (unvermeidlicher Verwaltungsakt), sich dann aber in einem Milieu findet, das ihm erlaubt, physiognomisch kenntlich zu bleiben. Wie macht man das? Die Wohnbaugesellschaften sind in der Lösung dieses Auftrages nicht weit gediehen. Im Gegenteil, sie sind zu Hauptschuldigen geworden, weil sie die Einstellung angesichts einer Aufgabe, die unbestreitbar neu ist, nicht änderten. Es ist ihnen absolut nichts Neues eingefallen. Sie addieren und vernichten dabei die Möglichkeit einer Integration des Aneinandergeklebten, Aufeinandergestockten. Wenn man dieser mechanischen Vervielfältigung gleicher Baueinheiten in den Produktionszentren und den Hochhäusern des tertiären Sektors manchmal die eindrucksvolle Größe nicht absprechen kann, im Wohnquartier mit den fünfstöckigen Giebelblocks, zeilenweise angeordnet, kann sich städtische Humanität wohl nur schwer entfalten. Es ist ein Kapitalfall der Tötung des humanen Antriebes in und durch die verwaltete Welt. Diese selbst ist ein Ausdruck für die Schwierigkeit, angesichts ungewohnter Quantitäten, die sich dem Auge, den Empfindungen als pure Masse anbieten, zu neuen Einstellungen zu gelangen, in denen mehr vom menschlichen Dasein sichtbar wird. Mehr als bisher, anderes als bisher, genügend, um zu verstehen, was geschehen muß. Nämlich Investition von erfinderischer Gestaltung, die solche Massen fermentierend durchdringt.

2

Jenseits des Grüngürtels von London, eine Autostunde vom Flughafen entfernt (wenn der Verkehr nicht gerade zusammenbricht) entsteht eine geplante neue Stadt: Hook. Die Architekten des *London County Council* haben eine Gruppe von Fachleuten zusammengestellt, um das Planungsprinzip zu erarbeiten, um Flächennutzung und Straßenführung festzulegen. Vermessungsbeamte und Bauingenieure, Ausschreibungsspezialisten, Landschafts-Architekten gehören selbstverständlich zum Team. Ein Volkswirt, ein Statistiker und ein Soziologe sind auch dabei.

Wer vertritt eigentlich die künftigen Bewohner von Hook? Die Frage ist wohl berechtigt, wenn man an unsere restaurierten und gedunsenen Städte denkt, an denen man ablesen kann, wohin Planung führt, wenn sie ohne den stattfindet, für dessen Bedürfnisse sie unternommen wird. Der Zustand ist dann eigentlich gar nicht so sehr verschieden von der Lage in totalitär regierten Ländern, in denen Gewünschtes zuweilen für lange Zeit ganz fehlt, dafür Unbrauchbares in Massen vorhanden ist.

Kennt einer der genannten Fachleute aus seiner wissenschaftlichen Schulung die Bedürfnisse des Menschen in seinen verschiedenen Lebensabschnitten? Wie verbinden sie den Einwohner mit der Stadt? Was erwartet er, woran gewöhnt er sich stillschweigend, wenn er enttäuscht wird, weil er es nicht besser gewohnt ist? Entbehrungen hinterlassen Gefühlseinstellungen, die man oft nicht mehr so leicht loswerden kann. Zum Beispiel kommt einem jedes Interesse für den Körper der Stadt, für den lebendigen Umschlag von Energie, der in ihm vor sich geht, abhanden, wenn sich nicht gar Gefühle heftiger Feindseligkeit einstellen. Für gewöhnlich wird alles nur dürftig in Worte gebracht, denn der Alltag pflegt uns gefangen zu halten. Aber wir haben Erlebnisse, höchst intensive, an der Schwelle des Bewußtseins: beim zufälligen Blick aus dem Bus, beim Ausschauen nach einer Bank, nach der meist vergeblich gesucht wird. Denn wer denkt schon an den Augenblick der Muße, den ein Bürger auf ihr verbringen will mit dem Blick auf einen Aspekt seiner Stadt. Kaum aufgetaucht, wird der unangenehme Eindruck abgewehrt, denn man sieht keine Chance, dieser Umwelt zu entrinnen.

Unbestreitbar ist jene Neigung, die einer Stadt entgegengebracht wird, oder einem Quartier, einem entlegenen Winkel in ihr, ein Ergebnis psychologischer, nämlich affektiver Prozesse. Wenn sie in Ordnung ist, wird die Stadt zum Liebesobjekt ihrer Bürger. Sie ist ein Ausdruck einer kollektiven, Generationen umspannenden Gestaltungs- und Lebenskraft; sie besitzt eine Jugend, unzerstörbarer als die der Geschlechter, ein Alter, das länger dauert als das der Einzelnen, die hier aufwachsen. Die Stadt wird zur tröstlichen Umhüllung in Stunden der Verzweiflung und zur strahlenden Szenerie in festlichen Tagen. In diesem Aufblühen und Stagnieren, in wiederholten Anläufen, ihre Nachbarstädte zu überflügeln, verwirklicht sich im städtischen Leben immer mehr als nur die männliche Potenz; die Stadt repräsentiert in einer Vielheit ihrer Funktionen eine ältere als die väterliche Welt. In ihren großen Exempeln ist sie unverhüllt eine Muttergeliebte. Ein Wesen, dem man verfallen ist, von dem man nicht loskommen kann; man bleibt ewig ihr Kind oder ihr zärtlicher Besucher. Oder wir übertragen unsere Enttäuschungen auf dieses Gebilde, als seien sie von ihr, der Stadt, verschuldet; kehren ihr den Rücken zu, entfremden uns ihr. Dann wird sie uns ferne wie die ungeliebte Kindheit, die wir in ihr verbrachten.

Städte prägen sich uns gestalthaft ein, aber auch gleichsam in ihrer Anatomie. Wo immer wir uns durch die Gassen von Paris bewegen, wir behalten ein Gefühl für das Ganze dieses Körpers, für seine Topographie. Wien, das alte Köln, Gent, sie sind mehr als die Summe der Straßen und Häuser. Wie sehr eine Stadt ein lebender Organismus ist, ein Antlitz hat, erfährt man im sinnlos gespaltenen Berlin; an jeder Stelle in Ost und West fühlt man die schwere Krankheit, welche die Stadt wie in einem fiebrigen Schlaf hält, in einer müden Agonie, über die keine Betriebsamkeit täuschen kann.

Stadt ist – gelungen oder mißlungen, kultiviert oder trüb-sinnig – Gruppenausdruck und Ausdruck der Geschichte von Gruppen, ihrer Machtentfaltung und Untergänge; ein un-sichtbares, aber ein sehr wirksames Band verknüpft Einstel-lungen, Mentalität, Beweglichkeit, Traditionalismus der in einer Stadt lebenden Geschlechterfolge. Ein Stilgefühl be-sonderer Art ist der »Stadtgeist«.

Neigung und Abneigung gegenüber dieser »Gestalt« einer Stadt bilden sich auf eine so komplexe Weise, daß das ABC der Ästhetik sie nicht erklären kann, und auch unsere Psy-chologie ist noch viel zu schwerfällig dazu. Da gibt es etwa imposante Stadtareale, die man gesehen haben *muß,* nach denen es einen aber später nicht mehr zurückzieht. Und dann wieder sind es volkreiche oder stille Straßen und Plätze, zu denen wir zurückkehren mit dem tiefen Glücks-gefühl des Land- oder Meerfahrers, der nach Hause kommt. Es spielen sich also Neigungs- bzw. Abneigungsbegegnungen ab, die, wie die Begegnungen der Menschen untereinander, Glückliches oder Unglückliches verheißen. Wie weit das Cachet der Städte, das sie so anziehend oder abstoßend (für den Fremden) macht (man vergleiche hier das alte Dresden mit dem alten Leipzig), wie weit diese ganz eigentümliche Lebensluft bestimmend in die Biographie der Bürger hineinwirkt, wissen wir keineswegs. Wahrscheinlich wirkt sie sehr tief.

Es wird also der Plan von Hook nicht wenig dazu beitragen, in welcher Gemütsverfassung die Einwohner dieses Ortes später einmal sein werden. Aber niemand hat daran gedacht, einen Fachmann zu Rate zu ziehen, der einen Blick über die primitivste Allerweltspsychologie hinaus für den Sachverhalt, den es hier zu bewältigen gilt, haben könnte. Städte sind bisher langsam gewachsen, in einem sehr intensiven Verständigungszusammenhang ihrer Bürger. Es ist eigentlich ein schlechtes Bild, heute noch in Anlehnung an Organisches vom Städtewachstum zu sprechen. Städte werden *produziert* wie Automobile.

Diese Aussage stimmt jedoch nur für den Vorgang des Bauens selbst; nicht für die Vorstufen, die Planung. Hier haben wir uns auf einer neuen Problemebene zurechtzufinden. Zwar stellt Alfred Prokesch lapidar fest, es sei »eine geschichtliche Tatsache, daß es keine erfolgreiche Stadtplanung gibt oder je gegeben hat«. Alle Städte, die eine menschenfreundliche – soll heißen, den Menschen verfeinernde – Umgebung waren oder sind, hätten sich »ohne und entgegen den Theorien der orthodoxen Stadtplanung entwickelt«. Bleibe dahingestellt, was mit »orthodoxer Stadtplanung« gemeint sein mag; sei zugegeben, daß es so war. Trotzdem werden wir für neue Millionen Menschen neue Städte planen müssen. Das Mißverständnis besteht sicher darin, daß unter Stadtplanung eine pur rationale Schematisierung der Bebauungsweise verstanden wird. Zwischen einigen Dutzend originalwüchsiger Städte läßt sich ein Karlsruhe und Mannheim ertragen. Wenn aber die Rastereinteilung zum Siedlungsmuster schlechthin wird, wie in den Vereinigten Staaten, dann hat man die Voraussetzung für eine kaum mehr veränderbare Nivellierung und Konformisierung geschaffen. Gleichgültig, was zuerst da war, der egalisierte Charakter oder die beliebig oft reproduzierte Main Street; durch Rückkoppelung der Einflüsse ist eine Homogenisierung der Wohneinheiten wie der Gesellschaftspartikel »Mensch« erreicht, die einen ganzen Kontinent höchst disponibel und grandios langweilig macht. Das sei also zugegeben. Exempla einer »erfolgreichen Stadtplanung« sind diese Orte von Appleton (Wisconsin) bis Zion (Illinois) nicht. Trotzdem kann das letzte Wort über Planung noch nicht gesprochen sein. Sobald sie sich anmaßt, ein gebrauchsfertiges Muster herzustellen, stirbt der Genius loci ab, noch ehe er sich einnisten konnte. Bereitet sie hingegen eine *Bewußtseinsebene* vor, auf der sich Baugesinnung bilden und vor allem *reflektieren* kann, dann schafft sie den Boden, in dem Erfindung wirklich gedeiht. Beispiel: die Mischung von Pragmatismus, Puritanismus und puritanischer Spielfeindlichkeit, kurz die harte Kolonialideologie unverfeinerter Usurpatoren eines zutiefst menschenfeindlichen Kontinents ließ nie eine Reflexion ihres kindlich zuversichtlichen Rationalismus zu. Das Einfachste schien dem 18. Jahrhundert das Beste, und dabei blieb es im 19. und 20. Jahrhundert, auch wenn sich dieser Glaube als nur zum Teil wahr und im übrigen als Unfug erwies. Andererseits: die Muschel des Marktplatzes von Siena kann gar nicht ungeplant entstanden sein. Dieses höchst eigenwillige Zentrum einer Stadt, dieser köstliche differenzierte Ausdruck der Schöpferkraft, die aus einer Stadtbürgerschaft destilliert und auf sie von nun an zurückwirken wird, setzt eine sehr prägnante Vorstellung voraus; und diese Vorstellung schafft erst die Substanz der Planung: nämlich den Planungsgedanken.

Um diesen Einfall, diese Vorausschau, geht es also bei der Planung von Städten, die von uns zu leisten ist. Nicht daß die künstlerische Qualität herbeigezaubert werden könnte; derlei Befürchtungen sind unbegründet. Vielmehr muß verhindert werden, daß die vorhandene nicht achtlos oder böswillig zerstört wird – eben durch das Festlegen auf die schablonisierten Arbeitsrichtlinien der Baubürokratie. Das imaginäre Museum nie errichteter Bauten – geniale Eingebungen, die am mangelnden Wohlwollen der Welt verdorrten – wird jetzt zum Trost. Nicht die großen Visionäre farbiger, neuer Städte fehlen, sondern die ansteckbaren Gemüter der Stadtväter, die für die Idee einer beschwingten Vorausschau, wie ihre Stadt werden sollte, empfänglich sind. Darin hat Prokesch recht, das läßt sich nicht einseitig in einem Planungsbüro zustande bringen; dazu bedarf es einer Öffentlichkeit, die sich auch spirituell und nicht nur kommerziell selbst zu erleben versteht. Man frage zum Beispiel nach der Baugesinnung, die die Rheinfront Basels zustande brachte. Der intensivste Eigensinn (wahrhaft protestantischer Qualität) und der intensivste Wille zum Eigennutz werden noch einmal von *stadtbürgerlichen Obligationen* in Schach gehalten, denen der Einzelne sich zu beugen hatte. Dieses althergebrachte Gefühl der gemeinsamen Verantwortung – bei Regierungsentscheidungen wie in Pestzeiten und unter der Bedrohung durch die Nachbarn gewachsen – geht verloren mit der rapiden Ausweitung aller alten Städte. Der Stadtbürger großer Tradition fand seine Identität durch den Zwang, Verbindendes und Verbindliches, also den Kanon vom Kollektiv zugelassener Selbstdarstellungen, einhalten und variieren zu müssen. Dabei durfte er nicht aus der Ästhetik der Gruppe fallen. Völlig verändert ist die Lage, in der sich jenes Aufsichtsratsmitglied befindet, das sich irgendwo in Hanglage eine seinen Status signalisierende Behausung errichtet. So ein erfolgreicher Manager wird für seine Mitmenschen nicht dadurch erträglicher, daß er mit dem willigen Architekten einen Baukörper eigener Fantasie auf den Rasen stellt.

Wo Gruppenzwang im Sinne stadtbürgerlicher Verpflichtung herrschte, wurde die Statusdemonstration überhöht durch und in der Demonstration einer unverwechselbaren Abfolge von Straßenfronten, durch den Beitrag zur Gestalt eines Platzes. Auf selbstverständliche Weise wurde dabei ersichtlich, daß ein Teil der eigenen Identität immer aus der Gruppe stammt. Das könnte man auch noch am Preisniveau der Komfortvillen ablesen; nur daß sie nicht wie die Häuser, die einen Platz wie z. B. den Lincoln Square in New York umstehen, noch einmal sich zu einer Einheit schließen, die einem musikalischen Thema vergleichbar ist. Die Vorortvilla hat das nicht, sie ist nur Demonstration des Eigensinnes und der monetären Potenz. Der Verlust, der eingetreten ist, fällt ins Gewicht: die Gruppenabhängigkeit in der alten Stadtgemeinde provozierte offenbar – wie der Reichtum der architektonischen Inventionen, der Stadtgrundrisse, Palais, Handels- und Wohnhäuser beweist – die Stabilisierung und Verfeinerung der Individualität in den sozial führenden Schichten; hinzugefügt sei: soweit sie sich, jedenfalls in ihrer Baugesinnung, zu erkennen gaben (um keine Idealisierung aufkommen zu lassen). Das Einfamilienhaus, ein Vorbote des Unheils, den man immer weiter draußen in der Landschaft antrifft, ist der Inbegriff städtischer Verantwortungslosigkeit und der Manifestation des privaten Egoismus.

Dieser Auszug der einstmaligen städtischen Elite »aufs Land« (es lassen sich viele gute Argumente für ihn finden) hat schwere Rückwirkungen auf die Stadtplanung, die noch kein Gegenkonzept entwickelt hat.

Der Planer schwebt nun gleichsam mit seinen ästhetischen Vorstellungen in einem Raum, der ihm keine dialektische Gegenposition als Halt anbietet. Denn das Industrieunternehmen, das sich vergrößern, der Bauherr, der ein Einzelhaus, oder die Gesellschaft, die 200 Wohnungen bauen will, sind alles Partner, die ein *ungebrochener,* von keiner stadtbürgerlichen Obligation gezügelter Egoismus leitet. Das eigentlich utopische Element in einer »erfolgreichen Stadtplanung« ist demnach in der Herstellung einer neuen Verpflichtung der Stadt gegenüber zu sehen. Wie ist sie zu erreichen? Unter so entfesseltem quantitativem Wachstum? Unter so gewandelten sozio-ökonomischen Strukturen, ohne alte Bekanntheit aller mit allen, ohne dieses Wurzelgeflecht der affektiven Beziehungen zwischen den Quartieren, dem Patriziat, dem Stratum seit jüngerer Zeit Angesiedelter? Dabei ist die Aufgabe, welche die hergestellte Stadt zu bewältigen hat, nicht anders als die, die einst der gewachsenen zufiel: Menschen für alle denkbaren Aufgaben ihres Lebens zu beherbergen. Aber es sind eben Menschen in einer Zahl, welche die Stadtgeschichte bisher noch nicht kannte. Für sie das Milieu zu finden, das sie nicht schließlich, wie Jane Jacobs sagt, »in einer tödlichen Unzufriedenheit mit ihrer Umgebung hadern« [1] läßt, darum geht es. Und weil es alle angeht, ist ein Funken Hoffnung in der Utopie von der Realisierbarkeit von Städten, die ihre Planung übertreffen.

Was wissen aber diese Vermessungsingenieure und Straßenbauer über menschliche Erwartungen und Einstellungs-

[1] Jane Jacobs: *Tod und Leben großer amerikanischer Städte;* Berlin 1963, S. 94

bereitschaften? Die Stadt ist ein bemerkenswertes Unikum zwischen Landschaft, Natur und einem Gebilde, das man auf eine menschenähnliche Weise liebt. Sie ist von Menschen gebildet, wird von Menschen bewohnt und bietet sich in dieser untrennbaren Einheit von Gebilde und Bewohnern an. Die Ausdehnung des Ich auf die Heimatstadt oder auf die gewählte, um nicht zu sagen, erwählte Stadt – »Ich bin ein Berliner« – trug alle Züge einer Clan-Zugehörigkeit, einer erwünschten oder einer, der man sich eher schämt. Wie kann der Bürger, der von den Erbauern seiner »Heimstätte« gar nicht mehr als lebendiges Individuum, sondern als ein wohnungsheischendes Abstraktum aufgefaßt wird – wie kann er, an den niemand denkt, wenn er sich müde niederläßt, wenn er einen Regentag hinter dem Fenster verbringt und dem zusieht, was draußen vor sich gehen mag, wenn er Hoffnungen hegt und Abschied nehmen muß – wie kann dieser zum Wohnraumverbraucher entwirklichte Bürger rückläufig auf diese seine Stadt einwirken, so daß ein Kreislauf entsteht? Nochmals: was sich hergestellt hat, ist ein Kapitalfall der Selbstzerstörung unserer städtischen Kultur. Nicht bei einer Gliederung der Baumasse, sondern bei einer funktionsfähigen Gliederung menschlicher Bezüge im Stadtraum muß die Einstellungsänderung beginnen. Was wir beobachten, ist nicht nur Flucht vor dieser Aufgabe in Traumklischees – wie das der Familie, die sich aber in Wahrheit nicht weniger ändert als die sozialen Beziehungen in der Arbeit; wir beobachten zugleich die Flucht in Raumästhetik, welche die fehlenden menschlichen Affektbeziehungen trügerisch ersetzen soll. Hierher gehört die Stadtzerstörung durch schier endlose Gefilde mit Einfamilienhäusern. Hierher gehört ferner das brutale Niedertrampeln der Individualitätsfreuden, wie einst in der von Werner Hegemann portraitierten Mietskasernenepoche. Das Wort »sozial« auf den subventionierten Wohnungsbau nach 1945 anzuwenden, kann nur der Heuchelei erlaubt sein. Er förderte die *Ausgliederung* des Bürgers aus den städtischen Traditionen, er macht asozial.

3

Die Stadt, in der man durch Jahrhunderte lebte, war ein Biotop. Um diesen Terminus zu erklären: sie ist ein Platz, an dem sich Leben verschiedenster Gestalt ins Gleichgewicht bringt und in ihm erhält. Dies geschieht unter recht spezifischen, freilich oft nicht leicht auszukundschaftenden Bedingungen. Wenn also eine Stadt geplant wird, dann, so sollte man meinen, hätte der Biotop-Forscher einen Beitrag zu leisten, und ein solcher Forscher, der es mit menschlichem Verhalten unter *gegebenen Verhältnissen* zu tun hat, ist der Psychoanalytiker. Er sucht die Spuren, die das Leben in der Societät im Charakter hinterlassen hat, aber er verfolgt auch das Schicksal seelischer Spontaneität in der Umwelt des Einzelnen und einzelner Gruppen. Dabei kann er sich an einem recht verfeinerten Ordnungssystem, das ihm seine Wissenschaft in die Hand gibt, orientieren. Es geht nämlich immer wieder um die Frage, wie eine Kultur – als spezifische menschliche Umwelt – mit der Voraussetzung fertig wird, daß die menschliche Triebnatur nicht definitiv mit *einer* Umwelt, mit definitiv fixierten Objekten verzahnt ist.
Die Kulturen lehren, solche befriedigenden Objekte zu finden, sie verbieten den Zugang zu anderen. Die städtische

Welt mit ihrem verengten Eigenterritorium für den Einzelnen verlangt erhöhte Anpassung der Triebäußerungen. Der Überschuß an ungesättigter Aggressivität kann gerade in diesem Milieu bedrohlich anwachsen. Darin stecken Chance und mögliches Unglück der städtischen Populationen. Sie müssen wendiger, aufmerksamer, ansprechbarer in ihrem Habitus sein, um zwischen den unvermeidbaren aggressiven Triebeinschränkungen des städtischen Lebens die dort zugleich sich bietenden Entschädigungen suchen und finden zu können. Es kommt in der Stadt demnach auf eine Entschärfung, eine »Neutralisierung« primärer aggressiver Triebenergie und auf ihre Bindung an die »intelligenten« Zielbereiche besonders an. Die überragende Bedeutung des Denkens in Kategorien der rücksichtsfreien Konkurrenz in unserer Umwelt zeigt aber an, daß die Verwandlung der archaischen *Aggressivität* in sozial geschmeidige, die Rechte des anderen anerkennende *Aktivität* nur recht unvollkommen gelungen ist. Statt dessen ist ein anderer Ausgang der Kulturbeeinflussung unserer Triebnatur, vorzüglich ihrer aggressiven Anteile, zu beobachten. Primitive Zielsetzungen, etwa die aggressive Absicht, den Konkurrenten zu vernichten, bedienen sich elaborierter, intelligenter Methoden; derart, daß am Ende die Umwege der Sozialisierung – Zivilisation genannt – wieder aufgehoben sind. Das ist der Dschungelaspekt der Konkurrenzgesellschaft. In der Fortentwicklung der städtischen Lebenswelt zur groß- oder besser totalstädtischen wird eine andere Entwicklung zunehmend wichtiger. Der tertiäre Sektor, die Dienstleistungen treten immer mehr in den Vordergrund. Die Kaste der Angestellten erreicht den dominanten Anteil an der Gesamtgesellschaft. Für den Angestellten ist die Aussicht, durch Initiative (als sozialem Umformungsprodukt undifferenzierter Aggressivität) zu etwas zu kommen, weit mehr eingeschränkt als in den Frühepochen der industriellen Gesellschaft. Die Reaktion ist eine doppelte: die Neid- und Konkurrenzgefühle innerhalb der Eigengruppe (in der Firma, in der Abteilung, im Büro) sind permanent gereizt, der affektive Anteil an der eigenen Arbeitsleistung, das Befriedigung schaffende Interesse sind erlahmt, fast schon unbekannt geworden.

Dieser Abbau des affektiven Engagements trifft unsere Gesellschaft an entscheidender Stelle. Denn die Flaute muß sich ungünstig auf eine Steigerung des kritischen Bewußtseins auswirken; wo keine affektive Anteilnahme an den Objekten des Biotops besteht, wird sich kaum die Leidenschaft zur Gestaltung und damit kein auf Präzision dringendes Problembewußtsein ausbreiten. Wir erwähnen dies, weil der Zusammenhang mit der Stadtgestalt offen zu Tage liegt. Man pferche den Angestellten hinter den uniformierten Glasfassaden der Hochhäuser dann auch noch in die uniformierte Monotonie der Wohnblocks und man hat einen Zustand geschaffen, der jede Planung für eine demokratische Freiheit illusorisch macht. Denn sie ist praktisch nirgendwo mehr erfahrbar. Wo keine Fantasie an der *Gestaltung* der Gruppenbeziehungen wirksam wird, wo die Dynamik dieser Beziehungen nicht beflügelt wird durch Kühnheiten des Versuchs, da bleibt dem Einzelnen nur der Rückzug in archaisches Wunschträumen, das ohne starke Widerstände in dumpfes Handeln umgesetzt werden kann. Das kritische Bewußtsein wird – wie unsere Nazivergangenheit es demonstriert – erfolgreich überrumpelt.

Stadtplanung, die diese Zusammenhänge nicht einkalkuliert, steht auf der Seite der Selbstdestruktion, der Kulturvernichtung, die der Mensch freilich immer betrieben hat.

Wenn heute große Siedlungsbaugesellschaften möglichst unter

Ausschaltung von Architekten, Städteplanern, von Sozialpsychologen und Psychoanalytikern ganz zu schweigen, mit Hilfe angestellter Techniker sich an das Erstellen von Wohnraum machen, dann haben wir hier jene fatale Berührung der Extreme, die so lange menschliches Schicksal bleibt, wie wir ihr Zustandekommen nicht durch eine Änderung unserer kritischen Einstellung durchschauen. Das führt zu schlimmen Folgen: der Wunsch, allen eine menschenwürdige Behausung zu schaffen, wird dadurch effektvoll zunichte gemacht, daß für alle eine Umwelt entsteht, die ein soziales Engagement gar nicht aufkommen läßt.

Erst die psychoanalytische Betrachtungsweise hat uns doch davon Kenntnis gebracht, welch unglückliche Wirkung unsere allgemeine biologische Ausrüstung im historischen Zusammenhang oft entfaltet. Zur allgemeinen biologischen Ausrüstung gehört es, Gleichgewichtslagen zu finden und zu erhalten, das Biotop nicht allzu grob zu stören. Die besondere historische Daseinsform des Menschen (ein Ergebnis seines speziellen biologischen Entwicklungsweges) freilich macht ihn zum radikalsten Störer von Gleichgewichten. Sein Verhalten ist nicht durch ein Repertoire artspezifischer Kommunikationsformen »festgestellt«. Wie die Verhaltensforscher lehren, ist Unspezialisiertheit seine Spezialität. Er erfindet und vernichtet Verhaltensrepertoires. Das eben ist seine Geschichte. Im Spannungsfeld dieses Widerspruchs wird Anpassung zu einem heiklen Problem. Sie gelingt am besten unter Ausschaltung der höheren Bewußtseinsfunktionen: in Gewöhnung und Gewohnheit, in Trott und Tradition. Das ist die breite Einflußzone althirnlicher Regulation. Noch das Bizarrste wird durch Gewohnheit sanktioniert, geheiligt; und das macht das Argumentieren so schwer. Denn mit großer Leidenschaft hängt zuweilen eine Population und nicht nur ein Einzelner an einer Anpassung, die Lebensfristung nur unter großen Verarmungen und Verödungen gestattet. Unser historisches Wissen kennt eine Vielzahl von Gesellschaften, die sich hartnäckig an ein Elendsmilieu angepaßt haben. Unter unseren Augen vollzieht sich ein solcher Anpassungsvorgang – übrigens in Ost und West – an die vom revolutionären Proletarier einst so verachtete kleinbürgerliche Lebensform. Blickt man auf die Grundrisse der Wohnungen, so bietet sich der bessere Ausdruck Schrumpfbürgertum an, denn es sind eigentlich keine neuen Ideen des Wohnens zum Zuge gekommen. Auch die Planer scheinen von der fixen Idee besessen, die Lösung des Problemkomplexes Vergesellschaftung auf städtischer und zur Stadt hin gerichteter Basis wäre mit der Beseitigung technischer Unzulänglichkeiten und dem Errichten von Schnellverkehrswegen gelungen. Was die Herstellung eines Systems seelischer, affektiver Kommunikationen betrifft, die in den vorindustriellen Städten so dicht geknüpft waren, so haben sie hier vollkommen versagt. Ihr Dilettantismus scheint hoffnungslos. Das sollte erst recht dazu nötigen, nach neuen Hilfskräften Ausschau zu halten. Gewohnheit steht dem entgegen.

4

Neue Städte, neue Quartiere, Trabantensiedlungen (und was sonst noch vom wilden Wachstum der Bevölkerung zeugt) lassen sich rasch fabrizieren. Aber man muß verhältnismäßig lange darin wohnen. Auch unter heutigen Rentabilitätsberechnungen noch zwei, drei und mehr Generationen.

Grund genug, das Problem seelischer Kommunikationen in diesen neuen Wohnbereichen vor ihrer Fabrikation sorgfältig hin und her zu wenden. Aber in Hook und anderswo, um nicht zu sagen überall, fehlt der Mann im Team, der zu solchen Beobachtungen und Berücksichtigungen überhaupt erst anregen könnte. Da gibt es keinen im Erkennen menschlicher Motive, in der Kenntnis menschlicher Grundbedürfnisse, in der Deutung menschlichen Verhaltens geschulten Spezialisten in diesen Teams. Alles vollzieht sich noch vor dem Sündenfall eines *methodischen* Strebens nach Selbsterkenntnis. Dieser Sündenfall wurde aber nötig, seit die Umwelt in die Dynamik einer Kette von Erfindungen geraten und dadurch in einen unabgeschlossenen raschen Umbauprozeß geraten ist. Eine Gegensteuerung wird unerläßlich: das Individuum wird sich seine Identität nur bewahren können, wenn die Möglichkeiten zur Pflege kontinuierlicher mitmenschlicher Beziehungen verstärkt werden. Das fordert unsere Natur. In der urbanen Realität, die wir schaffen, wird genau diesem Bedürfnis nicht Rechnung getragen. Die Verarmung an dauerhaften Beziehungen bei einer sehr großen Zahl von Stadtbewohnern hat notwendigerweise eine Verflachung und Verarmung ihrer Fähigkeiten zur Anteilnahme überhaupt und damit eine Verarmung an »Lebenserfahrung« zur Folge. Diese Aussage ist nicht als Abwertung der Gegenwart zugunsten irgendeiner Vergangenheit zu lesen, sondern als eine Erkenntnis der Menschenkunde: die Verfeinerung der Selbstwahrnehmung ist ein Teil verfeinerter zwischenmenschlicher Beziehungen. Obgleich es keineswegs eine Konsequenz der wachsenden Anzahl ist, daß die Intimität der Kontakte verloren gehen müßte: durch die psychologische Ahnungslosigkeit und die sozial verblendende Profitgier aller am

Bauen Beteiligten ist diese Folge eingetreten. Ein Beispiel des sozial gemilderten Aggressionsstrebens, von dem soeben die Rede war.

Der Raster, nach dem sich heute noch die Ausdehnung der Siedlungen und ihre Neugründung vollzieht, wird ausschließlich von der Rendite bestimmt. Das Siedlungsbauen unterscheidet sich eben in keiner Weise von den übrigen Fabrikationsprinzipien. Von extrem wenigen Ausnahmen abgesehen, in denen man wirklich von Gestaltung reden kann, entspricht die Formgebung genau dem »styling« anderer Gebrauchsgüter. Die Rolle der Architekten gerät dabei immer mehr ins Zwielicht. In den Großorganisationen zumindest des Wohnungsbaues verlieren sie fortwährend an Terrain. Als Erfolgsorgane des Willens ihrer Bauherren ist ihre Position auch nicht besser. Zwei Illusionen begegnen sich hier allzu oft. Der Bauherr sucht Befreiung aus verfahrenen Lebenslagen durch Hausbau, ein zumeist sehr unbewußt bleibendes Motiv. Der Architekt bietet in naiver Selbstüberschätzung seinen privaten Geschmack an, in der Vorstellung, was er selbst für »funktionell« zweckmäßig und für »formal« ansprechend hält, müsse die Bedürfnisse des Gemüts und die Erwartungen der Hausbewohner wie von selbst befriedigen. Trotzdem gerät zu vieles ungemütlich. Wir werden die Kontroverse zwischen privatem und öffentlichem Interesse, die doch die Wirklichkeit einer Stadt bestimmt, noch zu beleuchten haben. Zunächst fällt auf, daß beim Aufschwemmen der Städte die Privatinitiative mit den neurotischen Bedürfnissen – man muß präzisieren: mit den aus dem Zwang der Kommune entlassenen neurotischen Bedürfnisse der Bauherren – aufs unglücklichste sich verquickt. Die Einsicht ist notwendig, daß nur sehr wenige Individuen in der Lage sind, ihre Bedürfnisse mit zureichendem, sozial nicht desintegrativ wirkendem Talent zu regulieren. Die pekuniäre Potenz geht allermeist nicht der psychischen Differenzierung parallel; die Verständigungsbrücke zwischen Bauherr und Architekt pflegt äußerst schmal zu sein. Eine Bürgerstraße wie St. Alban Vorstadt in Basel hat Gestalt gewonnen durch ein Verständigungssystem, in dem wechselseitige Kontrolle, verbindliche Wertnormen Ausmaß und Zuschnitt festlegten. Die Konkurrenz wurde durch den Gestaltungseinfall des Baumeisters ausgetragen. Baumeister und Bauherr rücken dabei sehr eng aneinander. Wo dieser Gruppenhalt unterminiert wird, verliert erstaunlicherweise das Selbstverständnis und Ausdrucksvermögen von Bauherr *und* Architekt an Prägnanz. Es ist eben keineswegs so, daß das Individuum, wie es sich nachaufklärerisch idealisiert, eine Art Naturphänomen wäre; es ist ein spätes Kulturprodukt, bedroht von pompösen Mißverständnissen. Dieses Individuum mit dem oft mehr irrationalen als rationalen Wunsch nach einem »Eigenheim« (als Identitätsstütze) ist dann gleichwohl nahezu sprachlos; es ist auch nicht mehr ahnungsweise in der Lage, seine Bedürfnisse in Worte zu kleiden. Es kann sich ohne Halt an Gruppenidealen und -beschränkungen selbst mit gutem Willen nicht »klar« werden. Dazu ist die Kluft zwischen der phantastischen Selbstbeweihräucherung, dem Glauben, daß in unserer hochindustrialisierten Gesellschaft jeder sein eigener Herr sei einerseits und der tatsächlichen Subsumption der Subjekte unter die Gesetze der Ökonomie andererseits zu breit; die emotionale Absicherung gegen die Einsicht in diese Kluft ist viel zu stark, als daß eine Ausdrucksform entstehen könnte, die – weil sie rational vermittelt ist – Subjektivität in anderer Form als dieser im Grunde asozialen zur Sprache brächte. Der Architekt unterläuft dieses Stammeln mit Routine, mit ein paar

Materialspielereien – und schon ist das Problem überhaupt und für alle Zeiten mundtot gemacht.

Menschliche Grundbedürfnisse lassen sich aber nicht so leicht umzüchten, wie es gelingt, die technischen Analysen voranzutreiben und neue Produkte herzustellen. Noch niemand weiß, was es bedeutet, ein Leben im 17. oder im 47. Stock und nicht ebenerdig gelebt zu haben. Es macht den Eindruck, als ob sehr viel mehr Hoffnungen und Erwartungen, die wir in unserem Gemüt gleichsam aus der »Prähistorie« vor dem Einbruch der großen Produktionswellen mitgebracht haben, traurig hinter der Geschichte einherhinken, als wir uns eingestehen. Wortlos, das heißt ohne Kraft des kultivierten Ausdrucks, lebt der Trabanten-Städter in einer Umwelt, deren Signale und deren Aufbau kaum noch etwas mit der Welterfahrung zu tun haben, in der sich bisher dem Menschen Wirklichkeit bekannt machte.

Noch nie zuvor in der Geschichte hat eine so bedenkenlose und vorerst noch keineswegs abgeschlossene Traditionsvernichtung stattgefunden, wo immer das von Erfordernissen der *technischen* Entwicklung nahegelegt wurde. Dabei ist es gänzlich unentschieden, welche Traditionen wir um jeden Preis festhalten und welche wir, ebenfalls um jeden Preis, verlassen müssen. Natürlich kann man Kinder mit homogenisierter, pasteurisierter, getrockneter und dann wieder aufgelöster Milch aufziehen, ohne daß sie je eine Kuh sehen. Es ist nur die Frage, ob das Ausbleiben der Begegnung mit Tieren ein folgenloses, ein überspielbares Faktum ist. Man sollte die Lage, unheimlich wie sie ist, bedenken, aber man bedenkt sie nicht, man verleugnet sie vielmehr; verleugnet, daß es sich um eine historische (unbequeme) Lage handelt und nicht um eine selbstverständliche *Grundlage* unseres Lebens. Alle Faszination geht vom Handeln, von unruhiger

Geschäftigkeit aus; Bedenken, Zaudern ist derart verdächtig, daß schon aus dieser Reaktion allein geschlossen werden könnte, wie neurotisch-prekär die innere Situation der verschiedenen Gruppen von Stadtbewohnern ist.

5

Wenn sich der Psychoanalytiker in der Städteplanung zu Worte meldet, dann ist es nicht so, daß hier ein neuer Spezialist zu den alten hinzukommt. Er repräsentiert vielmehr das kritische Bewußtsein, unter dessen Mitwirkung menschliche Umwelt gestaltet werden sollte. Dieses kritische Bewußtsein muß die älteren Formen der Übereinkunft ersetzen, seit die manipulative Intelligenz einen so unabsehbaren Umbau der menschlichen Umwelt bewirkt hat. Was die Stadtplanung betrifft, so ist zudem noch zu befürchten, daß von den Soziologen auch nur der stumpfsinnig emsige Empiriker gefragt wird, der die Reibungsflächen aneinander vorbei passierender Mengen glatter zu schleifen helfen soll. Heißlaufen muß verhindert werden, Anmarschwege gilt es zu rationalisieren. Doch die Kastengesellschaft, die hier agglomeriert, wird von solcher Soziologie nicht in Frage gestellt – wie sollte sie. Die einst ideologiekritische Funktion der Statistik wird durch die Aufgabe, eine gegebene Situation manipulierbarer, technisch verfügbarer zu machen, überhaupt nicht mehr angesprochen.
Es kann nicht ohne Bedeutung sein, daß im Zustand höchst affektiver Traditionszerstörung das kritische Bewußtsein, das Verantwortungsbewußtsein aller dieser Spezialisten sich in erschreckender Weise aus den von ihnen untersuchten – nämlich naturwissenschaftlich-technisch analysierten – Bereichen zurückzieht. Das warnendste Beispiel ist, daß es

nicht mehr als eine Handvoll Atomphysiker sind, die ihren Bereich noch im Zusammenhang mit der Gesamtsituation sehen und sich selbst für zuständig und verantwortlich für den Gebrauch halten, den die Gesellschaft von den Produkten ihrer Forschung macht. Versteck zu spielen in Sachen Planung unserer Städte ist aber ebenso fahrlässige Gefährdung künftiger Generationen wie die Verharmlosung der Kernspaltung. Die Verzettelung der Verantwortung entlastet vielleicht das Bewußtsein des Fachmannes, der die Haftung auf einen sich für ebenso unzuständig haltenden Kollegen abwälzt. Aber alle helfen sich dabei gegenseitig auf die Anklagebank der Geschichte.

Kann einer der Bauingenieure wirklich voraussehen, wie das Erlebnis sein wird, das die Bürger von Hook haben werden, wenn sie in ihre Unterkunft eingezogen sind? Er weiß, wieviel Kubikmeter Erde zu bewegen sind, er schätzt die Verkehrsdichte 5, 10 Jahre im voraus ab, aber was für Gedanken macht er sich eigentlich über jene merkwürdigen Lebewesen, die er da als Verkehrsteilnehmer registriert, wenn sie sich aus der statistisch homogenen Masse, in der sie eingefangen werden, in Schlafgänger, Liebespaare, Mütter mit Kinderwagen, frühlings- und tagesmüde Heimkehrer verwandeln – wenn diese Masse sich also wieder in Individuen auflöst. Man muß nur die Frage stellen, um zu wissen, daß noch kaum jemand sie ernstlich zu stellen begonnen hat. Der technifizierte Spezialverstand, mit dem die Städteplaner an die Fabrikation neuer Produktions- und Wohnstätten gehen, erinnert verzweifelt an die Mentalität jener Spielzeugfabrikanten, die sich da irgendwelche blechernen Gegenstände ausgedacht haben, ohne je ein Kind zu fragen, ob es auch damit länger als 5 Minuten zu spielen beabsichtige. Die Naivität des Diktates ist in beiden Fällen gleichermaßen traurig und verzeihlich nur deshalb, weil eben doch das autoritäre, das diktatorische Denken, das den Schwächeren zum Schweigen verurteilt, ein viel stärkeres Traditionselement der menschlichen Gesellschaft ist, als sie sich bisher – schon im Hinblick auf die ängstliche Ratlosigkeit, was dann aus den Formen ihrer Religion werden sollte – einzugestehen wagte.

6

Jakob von Uexküll hat einmal gesagt: »Die Umweltlehre ist eine Art nach außen verlegter Seelenkunde.« Das heißt also, daß die Art und Weise, wie wir unsere Umwelt gestalten, ein Ausdruck unserer inneren Verfassung ist. Was das Bauelement Stahl betrifft, so läßt es sich recht gut als Symbol des sprunghaft gestiegenen Vermögens zur Auflösung technischer Probleme durch zweckrationales Denken interpretieren. Wer die ungeheuren Mengen grauer Bimssteinblöcke gesehen hat, aus denen menschliche Behausungen errichtet werden, kann nicht daran vorbei, daß in unserer Zeit depressive Elemente in permanenter Weise in den Alltag eingebaut sind. Aber diese Stahl- und Bimsteinwelt ist für Millionen ungleich ausschließlicher als je für eine Bevölkerung zuvor zur alleinigen, bestimmenden Umwelt geworden. Denn auch dort, wo die Ausbruchssehnsucht die Menschen zu den winterlichen und sommerlichen Urlaubsmigrationen treibt, finden sie sich in Hotels und Bungalows gleicher Konstruktion, aus gleichen Bauelementen, in gleicher Massierung wieder, ob das nun Westerland oder Rimini, die Küste Floridas oder die Skistädte Cortina, Davos und Kitzbühel sind.

Die Gleichförmigkeit des Zuschnittes und des technischen Service bei Zufälligkeit der Formgebung, ob nun zu Hause oder an der Costa del Sol, macht erst die Einheitlichkeit der Lebenslage, gleichgültig, wo man gerade weilt, richtig deutlich. Bayern, das nicht nur wilde Männer hervorbringt, hat eine nicht menschen-unfreundliche Verfassung. Nach ihr ist folgendes »jedermann gestattet«: »Der Genuß der Naturschönheiten und die Erholung in der freien Natur, insbesondere das Betreten von Wald- und Bergweide, das Befahren der Gewässer und die Aneignung wild wachsender Waldfrüchte«. Der Allgemeinheit sind die Zugänge zu Bergen, Seen und Flüssen »freizuhalten« – im Falle eines Konfliktes von Privat- und Allgemein-Interesse sogar durch »*Einschränkung des Eigentumsrechts* freizumachen«.

Jeder weiß, wie es an einem bayerischen See zur Sommerzeit in Wirklichkeit aussieht: »Baden verboten« – »Anlegen verboten« – »Privatweg« – »Achtung, bissiger Hund«. Vor kurzem konnte man in einer deutschen Zeitung lesen: »Daß auch Bayern gerne ihr Haus dorthin bauen, wo es verboten ist, hat Bundeskanzler Erhard bewiesen. Sein Bungalow hoch über dem Tegernsee steht – mit Sondergenehmigung – dort, wo ein von Paragraphen gesicherter Wald war.«

Vorerst einmal ist der Städteplaner ein Beamter wie andere auch. Ohne daß ihn ein gewisses allgemeines Bedürfnis mit Macht ausstattet – wie die Bekämpfung der Kriminalität als allgemeines Bedürfnis empfunden wird und demzufolge die Polizei Hoheitsbefugnisse erhält –, ist er im wahrsten Sinne des Wortes ein armer Mann. Er versichert uns, wir ahnten nicht, »welchem Druck so eine regionale Baugenehmigungsbehörde ausgesetzt« sei. Eine Spende von 10 000 Mark für eine gute Sache in einer armen und eine entsprechend höhere in einer reicheren Gemeinde »wirke

Wunder«. Man muß sich also Privilegien etwas kosten lassen, »Natur« zu teuren Quadratmeterpreisen kaufen. An der Natur besitzend teilzuhaben, wird zu einer Statusfrage. Das hätte nicht so geschehen können, wenn nicht ein sehr starkes Bedürfnis drängte, aus dem städtischen Raum zu fliehen. Er ist laut, verkehrsüberflutet, das Fortkommen in ihm ist zeitraubend, und er hat auch sonst viele Unannehmlichkeiten. Daneben bleibt es eine von vielen Sentiments besetzte Kontrasterfahrung (oder besser ein Kontrastwunsch), die den Städter in die Natur und den Landbewohner in die Stadt treiben. Das war offenbar ein stimulierendes Grunderlebnis durch die Jahrhunderte. Es ist aber mit zunehmender Bevölkerungsdichte in weiten Regionen kaum noch im Rahmen der zur Verfügung stehenden Zeit zu realisieren. Ein Bewohner New Yorks fährt heute schon an die 120 Meilen, bis er in ein einigermaßen unberührtes Naturgebiet kommt.

Kultur des Menschen und Natur wurden bisher in einem Ergänzungszusammenhang erlebt. Die jüngste Großindustrie, die Reiseindustrie, macht die Erfüllung des Kontrastwunsches nach Einsamkeit, nach Stille, nach nichtorganisiertem Dasein – der vielleicht ein Grundbedürfnis zur Erhaltung des psychischen Gleichgewichtes darstellt – immer unmöglicher oder wenigstens schwieriger. In diesem Kontext muß man auch die Kompromißlösung für den finanzkräftigeren Bürger verstehen: Er kauft sich Natur, zäunt sie ein und spielt in ihr »Landbewohner«. Aber er tut das nicht bloß im Tessin und am Tegernsee, sondern auch im heimischen Vorort. Hier bildet sich eine neue Kaste von Privilegierten; sie hat auch schon Rückwirkungen auf das Rollendasein. Man spricht von »Vorortgattinnen«, die ihre City-Männer abends in der Gärtnerschürze als die »Zugereisten« auf der heimischen Scholle empfangen. Liest man sich noch einmal die schöne bayerische Verfassung vor, so kann man guten Rechtes kommentieren: »Ein privates Eigentumsrecht am Boden gewährt dem jeweiligen Eigentümer eine Monopolstellung am unvermehrbaren Boden gegenüber allen Ausgeschlossenen, die auf den Boden unabdingbar angewiesen sind, und die nun von den privaten Eigentümern rücksichtslos ausgebeutet werden können.«[2]

Bleiben wir noch einen Augenblick, ehe wir in die City zurückkehren, in den Bereichen, in denen Einfamilienhäuser und Siedlungen in die Landschaft quellen. Das Vorortdasein verliert in den Ballungsräumen, wie sie gegenwärtig strukturiert sind, mehr und mehr seinen Sinn. Es wird zu einer Belastung, weil man es nur nach erschöpfenden Fahrten in verstopften Straßen erreichen kann. Wir müssen lernen, darauf zu verzichten, durch Bauwerke unseren Status zu repräsentieren, uns Natur zu Wucherpreisen zu kaufen. Das wird offenbar zu einer aufwendigen Form der Asozialität.

Viele wird dies eine frevelhafte Meinung dünken, die das heimische Glück antastet. Trotzdem läßt sich kaum widerlegen, daß diese sogenannten Villen-Vororte, aber auch ihre ärmeren Nachbarn, die Siedlungsblocks, die Reihenhäuser, sich antistädtisch, gesichtslos ins Land hineinfressen, nicht anders als die Industrievororte auch. Neutra spricht von der »Verregelmäßigung der Umwelt« und der »Giftigkeit der Monotonie«. Gerade um ihr zu entrinnen, hat der Mensch offenbar das Kontrastbedürfnis, von dem wir oben sprachen. Die vernünftige Absicht, der immer unbewohnbarer gewordenen Stadt ins vorortliche Grün zu entfliehen,

2 Herbert Müller: *Bodeneigentum – Bodenrechtsreform – das Bodeneigentum in der modernen Rechtsprechung.* In: *Mensch, Technik, Gesellschaft,* 1965, Heft 2

hat leider ihrerseits einem neuen Übel städtischen Daseins Vorschub geleistet.

Vom Klassizisten Karl Friedrich Schinkel stammt das Wort: »Die Kunst ist überhaupt nichts, wenn sie nicht neu ist.« Man muß sich also angesichts immerfort sich ausdehnender Städte etwas Neues einfallen lassen, um Stadt und Natur als Grundbestandteile einer Kontrasterfahrung zu erhalten, die das menschliche Leben bisher in Spannung gehalten hat. Das selbst gestaltete Biotop Stadt immer wieder verlassen zu können, um »Natur« zu suchen, war bisher ein Stück menschlicher Freiheit. Wird das von Menschen gemachte Biotop »Stadt« zur selbstverhängten Internierung ohne Alternative, dann hat die Menschheit sich Lebensbedingungen geschaffen, die mit denen domestizierter Tiere viel Ähnlichkeit besitzen.

Städte sind in der Wurzel mit dem Egoismus verknüpft. Es müßte über den Schatten des Egoismus gesprungen werden, um unser urbanes Leben den neuen Bevölkerungszahlen, den neuen Produktions- und Administrationsbedingungen anzupassen. Bei der Revision der Stadtpläne begegnet man aber, lange bevor man es mit Einsicht und Verstand zu tun bekommt, dem Argwohn, es könnten Vorrechte angetastet werden. Seit Roms Tagen sind diese Vorrechte im Privatrecht geronnen. Das macht es so schwer, sich überhaupt ernsthaft mit den Problemen der Städteplanung auseinanderzusetzen. Fast jedermann, mit dem man sich ernstlich darüber unterhält, ist der Auffassung, hier auf Änderungen zu hoffen, die dem Planen mehr Freiheit ließen, sei eine Utopie. Eher werde unsere Gesellschaft zugrunde gehen, als daß sie bereit sei, guten Willens einzusehen, daß der städtische Boden nicht auf der gleichen Ebene mit anderen vermehrbaren Produkten behandelt bzw. gehandelt werden dürfe, sondern daß er eine der unvermehrbaren Lebensvoraussetzungen ist, in die unter den gegebenen Bedingungen sich zunehmend mehr Menschen teilen müssen. Die Einschränkung des ausschließlichen Besitzanspruches fällt wohl deshalb so schwer, weil sie an ein sehr altes, sozusagen am Rande der Geschichte zur Prähistorie hin gelegenes Unrecht erinnert, an Landnahme, Ausbeutung, Erbkämpfe – eine große Zahl egoistischer Akte also, die in ihren Folgerungen bis hin zum Elend der Kriege der Menschheit unendlich geschadet haben. An Unrecht, welches Privilegien zu begründen half, wünscht keiner erinnert zu werden. Die beste Abwehr aufsteigenden Unbehagens scheint das Festklammern am Status quo. Die Revision der Besitzverhältnisse, die »Einschränkung des Eigentumrechtes«, von dem die Väter der bayerischen Verfassung so mutig gesprochen haben, sie soll nicht stattfinden. Ohne diese Einschränkung des privaten Eigentumsrechtes an städtischem Grund und Boden ist freilich keine Freiheit für die Planung einer neuen Urbanität zu denken. Die Versuche, an diesem Problem vorbeizukommen, führen unausweichlich dahin, daß alles beim alten bleibt, so daß vorauszusehen ist, Megalopolis wird ein ungeheures Scheusal sein. Los Angeles ist hier das Vorbild, das jeder sich betrachten kann.

7

Wir haben noch nicht gelernt, daß Demokratie ein *Prozeß der Bewußtseinsentwicklung* angesichts bisher unbekannter Probleme ist. Das heißt, Demokratie dient uns vorerst nur dazu, ein Interessengleichgewicht zu arrangieren; wir benutzen aber den Wettstreit der Meinungen noch nicht dazu, die Grundprobleme der Fortexistenz dieser unserer Demokratie diskutieren zu lassen. Statt dessen überbieten sich, was die Zukunfts-, mehr noch die Gegenwartsfragen unserer Städte betrifft, Regierung und Opposition – letztere wußte es einmal besser – in einer christlich dekorierten Unterwürfigkeit vor den Bodenbesitzern. Jedoch könnte nur auf dem Wege über die parlamentarische Diskussion das Bewußtsein der Allgemeinheit erreicht und ihr Vorschläge einer gerechteren Lösung der Eigentumsansprüche auf städtischen Grund und Boden zur Kenntnis gebracht werden. Ohne Zweifel würde dies die heftigsten Reaktionen auslösen, und erst nach einer längeren Phase des Meinungsstreites könnte sich dann eine neue Einstellung – eine weniger starre nämlich – entwickeln.

Alte Vorurteile, alte institutionalisierte Privilegien könnten sich mit neuen Verhältnissen unserer Gesellschaft auf verhängnisvolle Weise verknüpfen. Soweit wir städtische Kulturen verfolgen können, spielte sich in ihnen der erwähnte Wechsel zwischen Stadtumwelt und Naturumwelt ab. Gerade diese Abgrenzung eines knotenpunkthaft verdichteten Kulturraumes, des Stadtraumes, hat zum stadt-typischen Selbstbewußtsein geführt. Ein Bewußtsein, das gegen den Hintergrund einer weniger oder gar nicht menschengeformten Landschaft stand. In dem Maße, in dem die Manipulation der menschlichen Umwelt immer besser gelingt, gelingt es natürlich auch vom Standpunkt des Manipulierenden her immer perfekter, Menschen selbst zur Umwelt, das heißt zum Manipulationsobjekt werden zu lassen. Die gleiche Einstellung ist auch im Verhältnis zur Natur deutlich zu erkennen. Sie wird auf ein Handelsobjekt für Statussucher reduziert oder zu einem idealisierten Zielobjekt, auf das sich natursuchende Ferienmenschen zubewegen.

Im übrigen wird man sich fragen können, ob die sprunghafte Bevölkerungsvermehrung und die aus vielen irrationalen Quellen gespeiste Neigung zur Siedlungsballung – von Stadt im alten Sinn sollte man schon nicht mehr reden – nicht gerade zur Vernichtung des stadtbürgerlichen Lebensbewußtseins beitragen muß. Eben jenes Bewußtseins, das geschichtlich der Nährboden aller Freiheiten war, die uns das Leben unter Menschen erst lebenswert erscheinen lassen. Freiheit der Meinung, des Glaubens, Freizügigkeit, freier Zugang zum Wissen und wie alle diese spezifischen Freiheiten lauten, sie sind Erscheinungsformen der langsam entstandenen *Einsicht* der Städter, Ausdruck einer Lebensweise, in welcher die intellektuelle Auseinandersetzung – schon wegen des zur Verfügung stehenden beschränkten Aktionsraumes eines jeden – die Formen gewalttätiger Rivalität wenigstens ein Stück weit ersetzt hat. Was wir in den stadtähnlichen Agglomerationen, die vor unseren Augen entstehen, jedoch beobachten, ist die fortschreitende Vernichtung vieler städtischer Freiheiten, die Herstellung einer neuen Privilegiertheit und Unterprivilegiertheit, die an die Wurzeln geht. Unsere Kultur wird sich nur dann gegen andere konkurrierende Gesellschaftsordnungen behaupten können, wenn sie von der ihr immanenten Aufklärungsidee weiterhin Gebrauch zu machen versteht, das heißt, dort auf Gleichheit sinnt, wo nur diese Gleichheit erst realisierbare Freiheit garantiert. Das ängstliche Schweigen unseres Parlamentes, die Fahrlässigkeit, in der in den allermeisten unserer Städte der Wiederaufbau einer Anarchie der Privatinitiativen überlassen wurde, all das muß traurig und bedenklich stimmen. Die Ideenlosigkeit purer Restauration auf vorgegebenen Besitzzerstückelungen des Baugrundes ist nur deshalb so leicht hingenommen worden, weil die Wirk-

samkeit des althirnlichen Teils an unserer Verhaltens-
steuerung so überaus kräftig ist; Gewohnheit hält das
Denken besonders dort, wo durch Denken zunächst Unbehagen entstehen muß, in Schach. Die sekundäre Ausbeutung
dieser Trägheit durch Entwicklung von Tabus besorgt den
Rest.

8

Greifen wir noch einen Aspekt heraus, der uns in unserem
Argwohn in Sachen Stadt bestärken mag. Städtische Region
wird, wie wir sahen, mehr und mehr zum kontrastlosen,
einzigen und ausschließlichen Lebensraum für Millionen von
Menschen. So vollständig, daß auch alle Naturprodukte,
alles was an Naturprozesse erinnert, in technischer Auf-
bereitung, Verpackung erscheint; oft nachdem dieses Natur-
produkt weite Strecken hinter sich gebracht hat und kaum
irgend einer der Verbraucher die Gegend kennt, aus der es
stammt. Die Beziehung des städtischen Menschen der indu-
strietechnischen Zivilisation zur Natur ist demnach höchst
eigenartig. Er setzt die teils als selbstverständlich funktio-
nierende Rohstoff- und Lebensmittelproduktion voraus,
nimmt also die Natur als einen manipulierbaren Spender
der für ihn wichtigen Rohstoffe, teils sucht er in ihr Entlastung, Erholung, wobei er sich dann auf die massenhaft be-
nützten Kommunikationswege und Massenerholungsplätze
gedrängt sieht. Eine Sonntagsfahrt ins Grüne aus einer
modernen Großstadt – auch schon aus einer mittleren –
unterscheidet sich in nichts mehr von der täglichen *rush hour*
in der City. Hier wird doch sehr deutlich, daß die außerhalb
der Stadtregion liegende Natur relativ beherrschbar gewor-

den ist, daß aber die mit dem Leben von Millionen Menschen verknüpften Vorgänge innerhalb der Stadt-Region periodisch zusammenbrechen. Hat das nur mit Technik zu tun? Mit der Unvollständigkeit der Einrichtungen? Oder aber mit dem Festhalten an Vorstellungen, die unter unseren Lebensvoraussetzungen widersinnig geworden sind?

Seit langem kennen wir ein Merkzeichen für den Widersinn unbeschränkten Privatbesitzes an städtischem Grund und Boden. Es sind die Elendsgebiete, die Slums, in denen die Unterprivilegierten zu wohnen gezwungen sind. Das Elend der Städte läßt sich aber auch an einer viel unverdächtigeren Erscheinung wiederentdecken, dem Wunschziel der meisten Städter: am Trend zum Einfamilienhaus. 47 Prozent aller neuen Wohnungen, die in Deutschland im Jahre 1962 gebaut wurden, waren Eigenheimwohnungen; mit der Verbesserung der Qualität der Fertighäuser ist mit einem Anstieg dieser Zahl zu rechnen. Die Voraussetzungen für die Fortdauer der »großen Landzerstörung« sind also ausgezeichnet. Denn mit jedem Grundstück, das am Stadtrand parcelliert und zu schwindelhaften Bodenpreisen veräußert wird, schiebt sich der Horizont des Städters, an dem die Landschaft beginnt, weiter hinaus, wird Land der Allgemeinheit irreparabel entzogen. Und nur die unbefragten Gewohnheiten, die wir mit uns schleppen, hindern uns daran zu sehen, daß dies ziemlich zwecklos ist, weil nämlich dem Wachsen der Vorstädte die Langeweile korrespondiert, die Langeweile der Monotonie. Von Kontrasterfahrung der Natur ist der Einfamilienhausbewohner für gewöhnlich so weit entfernt wie das Huhn des Hühnerhofs von der freien Flugbahn. Zweifellos gäbe es dem gegenüber Lösungsvorschläge einer Intensivbesiedlung, wie sie etwa Le Corbusier und andere vorgeschlagen haben. Diese Wohngestaltungen im Rahmen von Hochhaussiedlungen gehen aber zwangsweise von einer neuen Form der städtischen Gemeinschaft und auch von einer anders akzentuierten Privatheit aus, als sie das überkommene Gewohnheitsschema suggeriert. Das Ziel dieser im Sinne Schinkels geforderten *neuen* Kunst läge heute darin, Stadt auf dem kleinstmöglichen Raum zusammenzuziehen, um auf diese Weise der großen Zahl der Lebenden die Chance einer Verbesserung ihrer innerstädtischen Kommunikationswege, aber auch einer Erleichterung der Kommunikation von der Stadt in die Landschaft zu schaffen.

Richard Neutra hat den Begriff des Biotop, entsprechend der seelischen Differenzierung des Menschen, um den des »Psychotop« ergänzt. Er meint, wir brauchen seelische Ruhepunkte, der Psychoanalytiker würde sagen, »Objekte«, die wir mit gleichmäßigem Interesse, mit bleibendem Affekt besetzen können. Das kann ein Bild an der Wand und ebenso der erholsame Gang in eine bevorzugte Landschaft sein. Solche Objekte vermögen uns offenbar zu befriedigen, zu beruhigen und damit auch für die gefühlsbetonten Beziehungen zu unseren Mitmenschen freundlicher zu stimmen. Man braucht sich nur an die leblose oder auch gereizte Stimmung in vielen von 500 oder 1500 oder 5000 qm Rasen umgebenen Einfamilienhäusern zu erinnern, um zu begreifen, daß diese Parcellierung der Natur nicht das bringen wird, was der von idealisierenden Hoffnungen geschwellte Erbauer eines solchen Einfamilienhauses sich erträumt hatte. Ein wohlbewohnbarer und wohltuender Eigenraum ist auch dann herzustellen, wenn man nicht ein Stück Landschaft der Allgemeinheit wegschnappt, sondern wenn man Wohnungen unseren veränderten Sozialbedingungen entsprechend konzentrierter und dabei nicht weniger intim zu planen lernt

und wenn man die Ruhepunkte der Landschaft – vielfältig
an der Zahl – ohne ermüdenden Aufwand zugänglich werden läßt.

9

1945: Ruinen, wohin man blickte, wohin man kam. End-
ergebnis, nachdem man ausgezogen war, die ganze Welt
das Fürchten zu lehren. Hinter dieser prahlerischen Demonstration der Potenz war ein tiefer Zweifel am Selbstwert,
an der Männlichkeit verborgen – nach untergegangener
Reichsglorie, bei großer Arbeitslosigkeit. Unter Männern
hatten die Deutschen versagt, durch Unbesonnenheit, durch
mangelnden Mut in eigener Sache, das heißt also durch
mangelnde Zivilcourage. Ihre Führer waren einer nach
dem anderen kläglich in der Versenkung verschwunden:
der Kaiser, Ludendorff, Hindenburg, der Führer mit Mar-
schällen und Brillantenträgern. Ruinen waren ringsum: aber
die Erde trug sie weiter, diese zahllosen Jubler, die sich von
der Beutegier hatten verführen lassen, die da bereit gewesen
waren, den anderen ihren Platz wegzunehmen. Die Welle
der Vernichtung war zu ihnen zurückgekehrt und über
ihnen zusammengeschlagen. Ihre Häuser waren zerstört,
nun krallten sie sich im Boden um so fester, Regression auf
eine mutterähnliche Sicherheit, nachdem die Kumpanei mit
dem falschen Propheten so mißglückt war. Die Umklam-
merung war um so ängstlicher, als Millionen Flüchtlinge
einströmten, die auch diese Sicherheit verloren hatten. Zudem war die Macht, die man sich zum Todfeind gemacht
hatte, ganz nahe gerückt – zur Weltmacht geworden. Man
hatte sie im Haus und sie machte nicht viel Federlesens mit
dem Privateigentum.

Sehen wir uns die Lage aus dieser Perspektive an, dann wird es verständlich, warum die Stadtplaner, die mit einer Reform des städtischen Bodenbesitzes rechneten, tauben Ohren predigen mußten. Schlotternde Angst ging um in Deutschland, das sich zusammen mit seinem Führer ruiniert hatte. Die Stupidität, die es unmöglich machte, daß auch nur eine Stadt sich großzügig wiederherstellte, ist motiviert durch ein panisches Regressionsbedürfnis vom Vater (dem nun alle Schuld zugeschoben wird) weg zur »Mutter Erde«, die – hat man ein Stück von ihr – einen nicht verkommen läßt. Wahrhaftig nicht: die Bodenpreise stiegen – und steigen weiter.

Auch die Provinzialität, die dann aus den Ruinen blühte, wurzelt in gleicher Motivation. »Keine Experimente«, »Sicher ist sicher«, das kann man verstehen, nach diesen Versuchen der Erneuerung; nach Parteitaggelände und Ordensburgen. Obzwar sie Schöpfungen einer maßlosen Größensucht waren, die sich ihrem Wesen entsprechend an keine stimmenden Maße halten kann – und obzwar sie gewiß keine Antworten auf die herausfordernden Notlagen unseres Jahrhunderts darstellten, sie waren als Zeugnisse eines großen Genius angepriesen worden. Gähnende Langeweile und Lächerlichkeit verknüpften sich mit den verbliebenen Resten. Aber von innen, aus der Mentalität, die so mit dem Führer mitempfinden konnte, sah das doch anders aus. Hier fühlten Millionen sich in ihrem Geschmack getroffen, bzw. war der ihrige leicht mit dem des Führers in Übereinstimmung zu bringen gewesen. Ebenso rasch wie jeder anderen wurde auch dieser Begeisterung abgeschworen. Man gab schließlich die Anstrengung, zu einer verbindlichen Gesinnung zu gelangen, überhaupt auf. Am nacktesten zeigt sich diese rohe Interessenlosigkeit im sozialen Wohnungsbau, wo am ärmsten gebaut wird, aber beileibe nicht am trostlosesten gebaut werden müßte, gäbe es so etwas wie die *Suche nach einer Sozialgestalt*. Ein Blick entlang den Häusern einer Villenstraße bringt Assoziationsfetzen, ein Potpourri vergangener Stile. Der Überbauungsplan reguliert den Straßenabstand und die Geschoßhöhe; sollte noch einem Architekten und Bauherrn etwas Zeitgemäßeres einfallen, so bringt es sicher der bürokratische Ordnungssinn zur Strecke. In ihm werden alle erdenklichen auf Enttäuschung fußenden Sadismen in Unschuld ausgelebt.

So ist also irgendein versöhnliches Gefühl für die dem Goldrausch verwandte Bautätigkeit nach dem Krieg fehl am Platze. Der patzigen Kleinbürgerei Hitlerscher Herkunft folgte ein schäbiger, zusammengestoppelter Wiederaufbau, mit gelegentlicher Überschreitung eines landschaftsunabhängigen Minimalstandards durch Anwendung teurer Materialien – mehr als ein Dutzend ungewöhnlicher, weltgängiger Inventionen sind nicht darunter. Kunst im Schinkelschen Sinn hat 20 Jahre lang gründlich versagt. Was wir zuließen, war die Egalisierung der deutschen Städte auf einem Planungs- und Gestaltungsniveau dritter und vierter Hand. Die Zerstörung war einmalig; sie hat die Fähigkeit zur Restitution doch viel tiefer, viel nachhaltiger getroffen, als sich das unser Bewußtsein einzugestehen erlaubt. Die Einebnung so verschiedener Stadtgestalten wie Nürnberg oder Dresden, Hamburg oder München ist leicht zu vollbringen. Die Technisierung, Industrialisierung, der Bevölkerungsanstieg hatten die soziale Stabilität dieser Städte seit knapp einem Jahrhundert unterminiert. Nach dem Krieg fand sich keine Bürgerschaft, die sich ihrer Stadt mit einem Blick auf die Zukunft angenommen hätte; statt dessen trat ein Sammelsurium von Behörden in Aktion, die nach Gutdünken wirtschafteten und sich auf die Beschränktheit regierungsungeübter Stadtparlamente einrichteten. Der Traditionsbruch ist fast vollkommen. Die Lebensgewohnheiten der Städte sind durch die Schübe der industriellen Entfaltung ebenso gewaltsam verändert, wie das Funktionsgebilde »alte Stadt« mit Hilfe industriell gefertigter Waffentechnik zerstört werden konnte. Sozial und material blieb kaum ein Stein auf dem anderen. Und als wieder Steine aufeinander gelegt wurden, da geschah es ohne Kraft, sich einen neuen Stil zu geben, man fand keinen Weg, sich von einem gefestigten, durchgespielten, abzusetzen. Der extreme Notstand der Überlebenden einer ungeahnten Katastrophe schien jede Kulturlosigkeit zu entschuldigen. Dem ist aber nicht so; der Zerfall des stadtbürgerlichen Charakters war dem der Städte vorausgegangen.

Diese Kraftlosigkeit ist geblieben. Die Restauration hat sich in verblüffender Einhelligkeit gefunden. Wir erleben, wie mit immer neuen Winkelzügen versucht wird, den Entscheidungen auszuweichen und sich am Alten zu orientieren. Dabei haben diese Praktiker einer zu eigenem Ausdruck unfähigen Interessengesellschaft, die emsig die alten Grenzsteine ausgruben und ihren Territorialanspruch anmeldeten, eine Verhaltenseigentümlichkeit gemein. Sie sind den tradierten Autoritäten hörig, in einem Augenblick, in dem gerade dieser Automatismus des Gehorsams zum Bewußtsein gebracht werde sollte. Hörigkeit bringt psychologisch immer zwei Effekte mit sich: die Selbständigkeit geht verloren oder wird nie erreicht; reaktiv dazu speichert sich Haß über die Unfreiheit auf, die man für die Wonnen der Hörigkeit in Kauf nehmen muß, Haß, der soziale Ventile sucht. Die Ideen- und Lieblosigkeit, mit der Häuser gebaut werden, verrät eine tiefe Freudlosigkeit des Besitzes, der doch zugleich so gierig zu mehren versucht wird.

Die Angst vor der selbständigen Entscheidung ist aber ein durchgängiger Zug unserer zeitgenössischen Kultur. In Zeiten der Leibeigenschaft, des Absolutismus mag das nicht verwunderlich gewesen sein. Vielleicht erscheint diese Angst dem Soziologen ziemlich verständlich, denn er sieht die Einkesselung des Bürgers mit Pensionsversprechen und durch Androhung der Ächtung, so er die Konformität verletzt. Die Auflockerung der Informationsmöglichkeiten macht es trotzdem schwer begreiflich, wie sklavisch Millionen an einmal angenommenen Einstellungen festhalten, wenngleich es ein leichtes wäre, sie durch einen Blick zur Seite zu korrigieren; einfach weil schon der Nachbar beweisen kann, daß manche geheiligte Vorschrift durch eine schlüssigere abzulösen wäre.

Angst läßt sich um so leichter erwecken, je unüberschaubarer die Gesellschaft in ihren Dimensionen wird, je mehr die Arbeitsteilung fortschreitet und das Individuum in einem Netz spezialisierter Einzelleistungen, von denen es abhängig ist, sich gefangen sieht. Wo dem Einzelnen so viele Voraussetzungen seiner Existenz vermittelt werden, wird neuer Gehorsam und Verdrängung von störenden Haßgefühlen wegen dieser permanenten Abhängigkeit doppelt notwendig. Diesen kaum zum Bewußtsein gelangenden, nur in Reizbarkeit sich kundgebenden Haß kann niemand so leicht loswerden: Unfreiheit widerspricht dem Reifungsbedürfnis des Menschen. Das Abdrängen des ohnmächtigen Hasses muß Folgen zeitigen. Die Neigung zur Intoleranz nimmt erneut zu, ebenso eine fast manische Sucht, sich ein Air von Respektierlichkeit zu geben. Womit das dunkle Ahnen abgewehrt werden soll, daß diese Lebensführung sich selbst, über den Gruppenegoismus hinaus, eine Inspiration schuldig geblieben ist.

Streift man die Stumpfheit ab, die mit der Gewohnheit einhergeht, nimmt man sehenden Auges die Zerfahrenheit eines wiedererstandenen Stadtbildes, die leblose Brutalität, mit der Ausfall- und Einfallstraßen es zerschneiden, wahr, so ließe sich diese ungesellige Anhäufung von Wohn- und Arbeitsplätzen aus einer Abfolge von Schreckreaktionen erklären. Auf die Schrecklähmung 1945 folgte ein Schreckegoismus der Überlebenden. Und dann kommt ein erschrecktes Zurückweichen in der Fantasie hinter jene geschichtliche Phase, für die man haftbar gemacht werden sollte. Der nachkatastrophale Egoismus verträgt sich aufs beste mit dem bürgerlichen des imperialen glanzvollen 19. Jahrhunderts. An seinen Wertsetzungen und Wertschätzungen orientiert man sich erneut – alles um einige Stufen komfortabler als zu Zeiten Napoleons III., aber nicht wesensfremd.

Das klingt schlimm und könnte Fatalismus befördern. Der Trost liegt in der Binsenwahrheit, daß Restaurationen nicht von großer Lebenskraft zu sein pflegen. Wer vor Zumutungen, die ihm unbewältigbar erscheinen, sich ins Bett legt, geht dort zu Grunde oder muß früher oder später doch wieder heraus. Eine Gesellschaft, die ihre »Wiedergutmachung« – was gleich mit seelischer Genesung ist – dadurch betreibt, daß sie so tut, als hätte es gar keine Katastrophe gegeben, und außerdem, als habe der Prozeß der fortschreitenden Industrialisierung und Bürokratisierung keine zwingenden Folgen für den gesamten Zuschnitt ihres Lebens – eine solche Gesellschaft erwacht in ihren Gliedern sicher unterschiedlich schnell aus ihren Wunschträumen und aus ihren Verleugnungen, aber sie erwacht. Dabei wird sich dann herausstellen, daß der Wiederaufbau, den wir erlebt und zugelassen haben, noch eine peinliche Nachphase der kollektiven Psychose »Nationalsozialismus« ist, die zur

Zerstörung unserer edelsten Stadtsubstanz geführt hat. Es ist wenigstens tröstlich, zu wissen: die neuen Häuser sind so windig entworfen, so schludrig gebaut, der Aufbau im alten Eigentumszuschnitt hat eine so ideenlose Monotonie entstehen lassen, daß es kein Kulturfrevel sein wird, dies alles besseren Konzepten zuliebe wo nötig abzureißen.

Natürlich hat es Fachleute gegeben, welche die Probleme sahen und bessere Lösungen als die verwirklichten gewußt hätten. In den Stadtparlamenten oder wo immer zu überzeugen war, gelang ihnen das nicht. Das läßt doch kaum eine andere Interpretation zu, als daß den angesprochenen Vertretern der Öffentlichkeit die *psychologischen* Voraussetzungen für ein Mitgehen mit den vorgetragenen Gedanken fehlten. Damit ist keineswegs behauptet, daß die Barriere für die Verständigung in einer primären intellektuellen Beschränktheit jener politischen Gremien gesucht werden müsse. Vielmehr geht es darum, daß durch vorbewußte und unbewußte Hemmung der Einzelne von den geistigen Fähigkeiten, die er sonst hat, nicht Gebrauch zu machen vermag. Die Zumutung, sich auf das Grundproblem einzustellen: die Stadt von den Bodenrechten her neu zu konzipieren, ruft so vielfältige Sicherungsbedürfnisse auf den Plan, verlangt so viel Überprüfungen des Selbstideales jedes Einzelnen (zum Beispiel, sich selbst nicht mehr seinem Besitz proportional bedeutend zu erleben), verlangt so viel Ablösung von den verinnerlichten Autoritäten, die unser Verhalten bestimmen, daß die Lage in der Tat nicht mit einem Schlage lösbar sein konnte. Das Festkrallen am archaisch-mütterlichen Besitz haben wir soeben beschrieben; eine städtische Bodenreform hätte deshalb als Vorschlag in den Gemeinden den Planer in gefährliche Schein-Nähe zum Kommunismus gebracht. Wenn zwei das gleiche tun, muß es nicht dasselbe sein; aber diese Einsicht wäre intellektuell blockiert worden. Eine Kaskade von Phrasen pflegt in solchem Falle niederzufluten, Scheinargument auf Scheinargument. Denn leider ist es nicht so, wie manche Zeugen großer geschichtlicher Katastrophen erhofften: das Trauma würde einen heilsamen Schock, eine reinigende Wirkung entfalten. Zusammenbrüche erzeugen selten einen Sinneswandel. Meist folgt ihnen eine Phase der Unansprechbarkeit (als Reizschutz), dann kehrt ein ungemindertes Bedürfnis zurück, das alte Selbstgefühl wieder aufzubauen. Und deshalb die Tendenz, auch im Wiederaufbau ein Wiedererstehen des Alten zu feiern. (Nota bene: bei uns wurde besonders wenig und schlecht restauriert im eigentlichen Wortsinn.) Nicht der geistige Impetus, sondern die durch Katastropheneinbruch gewandelte Sozialstruktur übte den viel stärkeren Zwang aus, doch neue Wege einzuschlagen. Im Falle von Deutschland nach 1945 ist es der rasche Ausbau der industriellen Produktionsbasen, und nicht etwa die Verarbeitung der Verantwortung für Millionen sinnlos Gemordete, für die Zerstörung der eigenen Heimat, die etwas in Gang gebracht hat – wenn dies überhaupt geschehen ist.

10

Städteplaner, Architekten, Sozialpsychologen und nicht zuletzt wohnende Bürger sprechen sich in dieser traurigen Lage gegenseitig Mut zu, indem sie sich zur *Utopie* ermuntern, zur Utopie besserer Städte. Es gibt zwei Arten der Utopie: eine, die närrisch ist und die, verwirklichte man sie, sich als das noch ärgere Gefängnis herausstellen würde als das bewohnte. Das heißt aber nicht, daß solche Utopien nicht zuweilen verwirklicht werden. Die andere Art ist die Vorwegnahme des Künftigen in seinen wesentlichen Elementen. Die denkende Vorwegnahme. Denken, so sagte Sigmund Freud, sei eine Art Probehandeln, ein Handeln also, das die Welt noch nicht verändert, aber die Veränderung vorbereitet.

Es ist eine ausgesprochene Denkfaulheit, zu erwarten, die Stadt von morgen werde ganz selbstverständlich ihre zunächst unbeabsichtigte, aber von Generation zu Generation langsam verwirklichte Funktion weiter erfüllen: der Ort der Selbstbefreiung des Menschen zu sein. Wir wissen nicht genug über die topische Konstellation, die der städtischen Lebensweise dieses Ferment des aufständischen Denkens beigemengt hat; gewiß nicht jeder Stadt, aber den »Hauptstädten«, das heißt den Kopf-Städten verschiedener Kulturen, so langer Epochen. Wird Megalopolis eine Kopf-Stadt sein? Oder Massenarbeits-, Massenvergnügungs-, Massenschlafplatz? Gestaltlos, geschichtslos? Die folgenden Überlegungen wollen als ein Versuch betrachtet werden, zur Verwirklichung der besseren Utopie beizutragen; die der Stadt die Qualität erhalten möchte, Raum des *denkenden Aufstandes* zu bleiben, in Formen, die es zu finden gilt.

Impressionen mögen bei der Suche helfen: Ein 1954 gebautes Wohnhaus für 12 Mietparteien. Beim Einzug war den Mietern vom Hausbesitzer ein Kinderspielplatz auf dem freien Gelände hinter dem Hause zugesichert worden. Inzwischen ließ der Bauherr 12 Garagen bauen – und keinen Spielplatz. Die Wiese im Hof ist eingezäunt: Betreten verboten. Vom Kinderspielplatz für die 10 Kleinkinder der Familien ist keine Rede mehr.

Ein Appartementhaus mit einigen dreißig Einzimmerwohnungen. Die Mieter sind Berufstätige. Wenn einer von ihnen krank wird, ist er praktisch gestrandet, denn keiner kennt seinen Nachbarn, und der Mensch ist doch nicht darauf angelegt, sein Leben als Einsiedlerkrebs zu führen.

Neugebaute Wohnungen haben selten Raum, in den ein alter Mensch sich beruhigt zurückziehen könnte; wissend, daß er noch zu den Seinen gehört und doch im gehörigen Abstand. Die Lebenserwartung steigt. Die Zahl der Alten an der Gesamtbevölkerung wird größer. Aber da gibt es keine humane Stadtplanung, die in entsprechender Zahl bequeme Wohngelegenheiten für alte Menschen mitten unter den Berufstätigen schafft. Mobilität, Trennung von Wohnund Arbeitswelt haben dem Stil der Solidarität zugesetzt. Auf die stickige Enge der dörflichen und kleinstädtischen Verhältnisse ist die Vereinsamung sehr vieler Städter gefolgt. Sie wird als Leiden empfunden, wenn auch ungerne zugegeben.

Zuweilen wird der Isolationismus, der durch die beliebige Verteilung des Wohnraumes, wie es dem Vermieter einfiel, entstanden ist, ideologisch verklärt, etwas von soziologischer Seite. Viele haben sich an ihn gewöhnen müssen, und weil er einmal eine Gewohnheit geworden ist, entgeht es manchen Forschern, die sich auf Ergebnisse von Befragungen stützen, daß sie es mit Selbsttäuschung zu tun haben.

Wer ein wenig die Genese menschlichen Verhaltens zu verfolgen versteht, wird nicht aus dieser angeblichen Vorliebe des Städters für Einsamkeit einen neuen Typus ableiten. Sein Unvermögen, Distanz zu überwinden, wird naiv als das Ergebnis einer bewußt getroffenen Entscheidung hingenommen. So nimmt sich das freilich im Selbstverständnis der in die Isolation gedrängten Stadtbewohner aus. Natürlich hat die städtische Einsamkeit ihre großen Chancen;

aber es ist die reine »Rationalisierung« (das heißt eine zweckgebundene Beweisführung in Zwangslage), zu glauben, sie sei durchaus freiwillig gesucht. Um die innere Gleichgewichtslage nicht dauernd durch Enttäuschung zu belasten, muß man sich bereitfinden, die faktisch saueren Trauben als wohlschmeckend zu bezeichnen.

Das geist- und rücksichtslose Auffüllen von Baulücken, die Überbauung von immer mehr Park- und Gartenoasen in den Städten, eine Städtebauordnung, die mehr an banalsten Formalien herumkommandiert, als sich je einen Gedanken zu machen, worauf eigentlich die Hausbewohner blicken, wenn sie ans Fenster ihrer teuer erkauften oder zu horrenden Preisen gemieteten Wohnungen treten – das ist, wie man es drehen und wenden mag, der an Anschaulichkeit kaum zu übertreffende Beweis für einen Zerfallszustand der Gesellschaft.

Damit ist kein Werturteil ausgesprochen, kein Trauergesang über die »verlorene Mitte« angestimmt, sondern einfach eine soziometrische Beschreibung des Bestehenden gegeben: die Dissoziation der Kontakte nahe benachbarter Bewohner, die nicht mehr zusammenfinden *können*, auch nicht in Situationen, in denen ein Kontakt sehr situationsentsprechend wäre. Man kann beim besten Willen nicht einsehen, inwiefern sich da im *Planungsanarchismus* seit dem »steinernen Berlin«, von dessen Geschichte uns Werner Hegemann 1930 berichtet hat, irgend etwas geändert haben sollte. Im Gegenteil, der Egoismus der Bismarck-Zeit, ihre Bodenspekulation und Hinterhofarchitektur waren stilecht. Es war kapitalistischer Imperialismus at home.

Eine erstaunliche Tatsache darf nicht übergangen werden. In den kommunistisch regierten Ländern hat die Fesselung an die Grenzziehungen des privaten Grundbesitzes keine

Rolle gespielt, und trotzdem ist man dort zu keinem eigenständigen Stadtbaustil vorgedrungen. Man hat kaum viel mehr an städtischer Sozialgesinnung bewiesen, als sie die märkischen Junker 1880 bezeugten, nach dem ihre mageren Böden zum Bauland geworden waren. Die Städte sind trostlos und triste fortgebaut. Die Armut erklärt hier wieder einmal nicht die Poverté. Selbst so tiefe ideologische Umbrüche, wie sie Rußland erlebt hat, müssen zugleich doch wenig geeignet gewesen sein, etwas an dem Bewußtseinshintergrund der Leibeigenschaft zu ändern. Die ideologische Begründung der Leibeigenschaft hat sich geändert, am Faktum selbst kaum etwas. So hat etwa bis in allerjüngste Zeit keine Freizügigkeit bestanden. Die Stadt ist offenbar in Rußland kaum je Kopf-Stadt gewesen. Vielleicht das alte Petersburg. Die neuen Städte sind Knotenpunkte der Verwaltung, Sitz von »Kombinaten«, Lebensort von Werktätigen, deren Denken nicht durch die Streitgespräche auf dem Markt geschult wird. Vorstellungen von Geschichte sind dort leitend, die wenig Sympathie für die permanent aufsässige Geisteshaltung haben, der die Städte des Westens ihre Lebenskraft verdankten. Lange genug hatte der Bewohner östlicher Staaten seine Gründe, den Nachbarn zu meiden. Die Vereinsamung des städtischen Menschen durch ein Verfolgungswahn erzeugendes System wechselnder Bespitzelung war hier zum Instrument des Terrors geworden. Heute gewinnt man den Eindruck, in russischen Städten herrsche eine »Außenlenkung« (David Riesman), die lastender ist als die in amerikanischen Städten, aber nicht unähnlich in der Auswirkung: der Provinzialisierung.

Das Argument, der moderne Städter wünsche gar keinen Kontakt mit den umliegenden Familien und Bewohnern; sein Kreis von Freunden und Bekannten sei weithin über die Stadt verstreut, ist geeignet, jedes Experiment in der Städteplanung zu vereiteln, das der Dissoziation entgegenwirken will. Es wäre aber immerhin einer systematischen Erkundung wert, ob der Stadtbewohner neben seinen im Laufe der Lebensgeschichte geknüpften Bekanntschaften nicht auch noch zu freundschaftlichen Kontakten in der Nachbarschaft bereit wäre – etwa im Sinne gegenseitiger tätiger Hilfe – wenn dies gesellschaftlicher Usus wäre; wenn man wüßte, wie man solche Bekanntschaften anzuknüpfen hätte, ohne Zudringlichkeit befürchten zu müssen. Da es für diese Situation keine »Anstandsregeln« mehr gibt, wie sie etwa in den bürgerlichen Quartieren bis zum Ersten Weltkrieg üblich waren und in Amerika noch geübt werden – man machte sich zum Beispiel einen Besuch, wenn ein neuer Nachbar einzog – hat sich hier ein eher feindliches, paranoides Sozialverhalten herausgebildet: man hält Distanz, gibt keinen Einblick in das Eigenterritorium. Dabei spielt in dieses Verhalten – unter Bedingungen, die dringend nach nachbarlicher Kontaktnahme verlangen würden – eine verzerrte großbürgerliche Allüre herein: das Ausspielen der Sozialdistanz, die Prestige zu signalisieren hat. Die Villa im Park hinter schmiedeeisernen Toren gab das her; die hermetisch verschlossene Etagentür ist eine Karikatur davon. Der Herr Kommerzienrat konnte sich diese Abgeschlossenheit leisten, weil er zwei, drei und mehr Dienstboten hatte, genügend Hilfskräfte jedenfalls für alle alltäglichen wie für die mannigfachsten Sondersituationen. All diese Chancen sind längst vorbei, aber das Verhaltensmuster hat sich, abgelöst von der ursprünglichen Sozialsituation, leerlaufend bis heute erhalten. Man könnte sich sehr wohl ein sozialpsychologisch-städteplanerisches Programm denken, das diesem erstarrten Verhaltensmuster mit allen Mitteln der modernen Massenkommunikation zu Leibe ginge. Städteplaner und Architekten allein werden es nicht erreichen. Psychologen auch nicht. Aber beide zusammen wären keine schlechte Kombination, der wohl ein Einbruch in diese vorurteilhafte Lebensgewohnheit gelingen könnte. Daß jedenfalls hinsichtlich nachbarlicher Beziehungen ein Eremitenklima herrscht, kann man nicht allein dem Architekten in die Schuhe schieben, doch der Architekt hat im *Vorausdenken* zu wenig getan, um dazu beizutragen, daß sich das Kommunikationsnetz in unseren Wohnquartieren wieder enger knüpft – aber die Toleranz der städtischen Lebensform muß dabei erhalten bleiben.

Es ist eine ganz korrekte Beschreibung, wenn Wolf Jobst Siedler angesichts der Villenvororte die »neue isolierende Vorstadtbauweise in vielerlei Hinsicht als Luxusausführung der vorzeitlichen Behausung von Höhlen- und Waldbewohnern« auffaßt[3].

In den Wohnblocks kommt man sich meistens auch nicht näher; man leidet nur mehr sinnlich, vor allem durch den Gehörsinn, aneinander. So entsteht ein Zustand der Gereiztheit, in dem alle möglichen Verstimmungen vom bösen Nachbarn hergeleitet werden, obgleich sie ganz andere Ursachen haben. Das wird sich nie vermeiden lassen; aber mutwillig sollte man das Klima enger Pferchung nicht auch noch aufladen.

Die antisoziale Reaktionsweise, die wir unabhängig von der Einkommenshöhe antreffen, ist zu einer mächtigen Gegenkraft geworden, welche die Planung nachbarschaftlichen Verhaltens durchkreuzt. Es gilt demnach zu untersuchen, ob diese kontaktvermeidende Tendenz als Verhaltenseigentümlichkeit so vieler Städter etwa eine Reaktion auf die drang-

3 *Der Tagesspiegel,* Berlin, 7. 1. 1962

volle, monotonisierte Nähe zahlloser anonymer Mitmenschen ist, oder welche Motivationen sonst dafür auffindbar sind. Vorerst wiederholen wir unsere Interpretation: die idiosynkratische Abneigung gegen Nahkontakte im Wohnraum kann nicht einfach als freiwillige Entscheidung angesehen werden. Statt dessen ist zu prüfen, ob dem urbanen Menschen dieser Zeit einfach keine Modalitäten zur Ausdehnung seiner affektiven Kontakte angeboten werden.

11

Die Kontaktscheu kann viele Motivationen haben. In den bürgerlichen Schichten Frankreichs gilt eine Einladung ins Haus, selbst unter Freunden, die sich Jahrzehnte kennen, als etwas Ungewöhnliches. Hier wird der Hauskontakt durch den gemeinsamen Essenskontakt im Restaurant ersetzt. Von Gesellschaft zu Gesellschaft handelt es sich um jeweils höchst komplex gefügte *patterns* der Schicklichkeit.

Statusangst, Furcht, in seinen intimen, in der Sozialrolle nicht auftauchenden Eigenschaften erkannt und »veröffentlicht« zu werden (zum Beispiel durch Klatsch), spielen eine Rolle. Nicht zu vergessen die tief in instinktivem Untergrund wurzelnde Vorsicht vor der Annäherung des anderen in eine Nähe, welche die Fluchtdistanz unterschreitet.

Mit dem Plädoyer für die Nahkontakte in neu zu konzipierenden Quartieren ist nur die Wiederherstellung und Umformung eines Sozialgeschehens angesprochen, das Öffentlichkeit von ihren kleinen Grundeinheiten her entstanden sieht. Innerhalb der verschiedenen Ebenen der Öffentlichkeit kann dieses Netz ambivalenter, aber auf kontinuierlicher affektiver Erfahrung beruhender kleiner sozialer Grundeinheiten nicht vermißt werden, wenn nicht alle anderen Ebenen der Öffentlichkeit dadurch betroffen werden sollen. Davon wissen wir genug durch die historische Darstellung von Jürgen Habermas, der uns den »Strukturwandel« der Öffentlichkeit gezeigt hat[4]. Wir geben uns keinen naiven Hoffnungen hin. Gewaltige, gesamtgesellschaftliche Kräfte haben das Individuum ergriffen und saugen es in die Ballungszonen und ihre von der manipulativen Beherrschung der Natur und des Menschen bestimmte Lebensweise ein. Die Berührung mit dem Nachbarn wie mit dem Staat ist zur Berührung mit etwas weithin Fremdem geworden; in Reaktionen auf die unüberschaubare Größe der Institutionen hat sich ein »unpolitisches« Verhältnis von »anspruchsvoller Gleichgültigkeit«[5] hergestellt. Der Staat, eine Maschine, ein Computer, nimmt und gibt nach den Gesetzen mechanischer Datenverarbeitung. Er ist nur noch in seltenen Augenblicken der erregten Anteilnahme je mein Staat, den ich mittels des öffentlichen Gebrauchs der Vernunft als Machtkonstellation beeinflussen, strukturieren kann. Denn Öffentlichkeit als Schauplatz von widerstreitenden Ideen, als Medium rationaler Einsicht, gehört wesentlich der Vergangenheit an. Einer Einsicht, durch welche das »Unheile«, Unvollkommene der Gesellschaft sich artikulierte, seinen sprachlichen Ausdruck fand, seiner selbst ansichtig wurde. Diese Öffentlichkeit kehrt sich heute verwandelt als psychodynamisch fundierte Manipulation, als »Öffentlichkeitsarbeit«, gegen die Subjekte, aus deren lebendigem Geist sie einst entstand. Die Orte, an denen die Bürger ihre Freiheit politisch nutzten und wahrten, das Forum, der Marktplatz,

4 Jürgen Habermas: *Strukturwandel der Öffentlichkeit,* Neuwied 1962
5 Jürgen Habermas, op. cit.

das englische Caféhaus des 18., das kontinentale des 19. Jahrhunderts, der Club und ähnliches sind dieser Funktion enthoben. Stammtischpolitik lebt nur noch vom Ressentiment und bleibt steril. Die politische wirkungsvollste Lobby scheut die Öffentlichkeit.

Die mangelhafte Stadtplanung macht den Zerfall des öffentlichen Bewußtseins mit, wenn sie allein kommerzielle Interessen und Verkehrszwänge berücksichtigt. Eine Leitidee unserer Gedanken – mit utopischem Risiko – zielt auf die Modalitäten, unter denen primäre und sich befriedigend erlebende kleine Einheiten der affektiven wie der im weitesten Sinn interessierten Kommunikationen sich bilden und erhalten können. Darin ist die Absättigung eines menschlichen Verlangens enthalten, das pathologischen Charakterentwicklungen entgegenwirkt; wird dieses Verlangen nach Affekt- und Meinungstausch von Person zu Person nicht befriedigt, dann verlagert es sich in die anonymen Großveranstaltungen. Die Ersatzbefriedigung ist hier leicht zu erkennen; die Bedeutung des festlich gesteigerten Erlebens von Öffentlichkeit beim Eintauchen in die Menge wird damit gar nicht verkleinert. Aber Öffentlichkeit als bürgerliche, demokratische Institution verlangt nach ihrem Gegenteil, der Intimität der Privatheit. Wenn diese Polarität, wie im Nationalsozialismus, tendenziell verloren geht, ist das stets ein Zeichen, daß die Individuen vor der Übermacht der Verhältnisse kapituliert haben. Man arrangiert sich mehr oder weniger mit dem Angreifer – deutlich oder vertuscht oder unbewußt. In diesem Zusammenspiel verengert sich das rationale Bewußtsein.

Die Stadt als *politischer* (nicht als Produktions-, Handels-, Verwaltungs-) Raum muß jener Polarität Raum geben. Wo solche Dialektik nicht von gestalteten Räumen, und zwar

77

von öffentlichen wie von intimen, erleichtert wird, verliert die Stadt ihre bewußtseinsformende, historisch vorantreibende Aufgabe, provinzialisiert sie. Die Bürger müssen Gelegenheit haben, sich selbst zu erfahren, sich in der Öffentlichkeit zum Kompromiß bereit finden und dennoch ihre Einsicht nicht verraten. Auf diesem vernünftigen Weg kommt die Sache der Gesamtheit voran.

12

Zu den Hauptsachen gehört – neben der Neuordnung der Besitzverhältnisse am städtischen Grund und Boden – die intellektuelle planerische Bewältigung der Größenordnung, zu der Städte emporgewachsen sind. Die traditionell volkreichen, mediterranen Städte, die freien Reichsstädte unserer eigenen Geschichte, sind Gebilde, in denen sich ein Kollektiv-Kolorit, ein spürbarer charakteristischer Habitus seiner Einwohner entwickeln konnte. Auch administrativ stellen sie eine Materie dar, die in zahllosen Experimenten und Verwaltungsvarianten in Jahrhunderten durchformt wurde. Um das mit Los Angeles oder den zusammenwachsenden Städten des Ruhrgebiets zu vergleichen: sie sind keine Stadt, in welchem historischen Sinn auch immer. Sie sind auch nicht Stadt in einem denkbaren modernen, neuartigen Sinn. Sie gleichen einer Ansammlung zahlloser Dörfer, Provinzstädte (die ihr Maß der Bevölkerungszunahme, der Ansiedlung von Industrien verdanken), sind ein Agglomerat von Wohnstätten, Arbeitsplätzen, Eßgelegenheiten, Illusionsgewerben aller Art; nur eines sind sie nicht: eine aus einem Kern wachsende Stadt. Wobei – um es zu wiederholen – der Begriff des Wachstums hier ein treffender Vergleich zum biologischen Entwicklungsprozeß ist. Wir können die Voraussage wagen: sie werden auch nie zu Städten werden. Denn zur Stadt gehört dieser Kern, dieser siedlerische Akt der Schöpfung eines Kristallisationspunktes, an dem Generationen weiterwirken können, dessen Ausstrahlung späteres peripheres Wachstum in seinem Wesen bestimmt. So gehört zu Paris der Gürtel seiner Vorstädte, die alle auf das Zentrum hin leben, und in manchem Platz, Haus oder in einem Park das Gestaltungsniveau der Kernstadt vertreten.

Ein Stadtkern dieser Art lebt während 24 Stunden des Tages. Er ist deshalb nicht etwa mit der City im Sinne moderner Städte gleichzusetzen. Im Stadtkern ist Wohnen und Wirken nicht getrennt und ihr Beieinander ist auch nichts Unerträgliches, sondern die intensivste Verdichtung des Lebens einer Stadtbürgerschaft.

So wie die Städte unter den Gesetzen der Bevölkerungsballung und der industriellen Entwicklung aufgequollen sind, scheint sich für absehbare Zeiten eine derartige städtische Lebensform nicht mehr zu verwirklichen. Und doch muß danach gesucht werden, wie sich der Arbeits- und Wohnbereich wieder näher zusammenrücken ließen. Beim Umfang der Verwaltungen und bei dem zunehmenden »Sauberwerden« der industriellen Fertigung dürfen sich technisch keine unüberwindlichen Schwierigkeiten bieten, wenn nur erst das aus der ersten Industrialisierungshochflut stammende Statusdenken überwunden ist, möglichst weit entfernt von schmutzigen Fabriken und schmutzigen Arbeitervororten wohnen zu wollen.

Die Lage, in der sich die Städteplanung befindet, soll aber nicht harmloser dargestellt werden, als sie ist. Denn das Prinzip der Arbeitsteilung, das diese Verstreuung der industriellen Produktion zur Folge gehabt hat, ist doch nur ein Teilprinzip im größeren Spaltungsvorgang des sozialen Lebens, der durch Bevölkerungszunahme und Siedlungsballung entstanden ist. Anonyme Vermittlungen haben die persönlichen Kontakte ersetzt. Im Grunde haben alle diese ins Große wachsenden und dabei in eine unüberschaubare Differenzierung sich ausbreitenden Sozialprozesse bisher von der Substanz gelebt, die in relativ gleichbleibenden sozialen Erfahrungen vor dem Einbruch der Enthemmung der Bevölkerungsvermehrung und der industriellen Entwicklung angesammelt worden ist. Dazu gehört zum Beispiel der Rückhalt in der Familie, die aber inzwischen längst von den tiefstgreifenden Umbauvorgängen ergriffen wurde.

So ist es also an der Zeit, sich dessen bewußt zu werden, daß eine soziale Erfahrungssubstanz zu sammeln ist, wie sie nur aus dem gewandelten Erlebnis und den Anforderungen des Einzelnen in unserer Gesellschaft aufgebaut werden kann; als Verwaltungsbeamter, als Konstrukteur und Arbeiter im automatisierten Betrieb, als Pendler, als Rentenempfänger und wie die neuen Positionen alle heißen.

Zwar wird die Welt dadurch noch fremder, noch unbekannter werden, aber wir müssen uns dazu entschließen, die Ausbeutung historisch gewordener Gewohnheitsmuster aufzugeben, weil sie nur noch eine fiktive Bewältigung der Gegenwartsfrage erlauben, uns aber in Wirklichkeit dazu bringen, ein immer wachsendes Volumen ungelöster Prozesse vor uns her zu schieben. Der Eklat ist unausbleiblich; er kann auf eine überraschende Weise zunächst unbeobachtet sich vollziehen, dann, wenn die Verhältnisse die Individuen überwältigen, sie zu einer resignierten passiven Unterwerfung unter die zermürbenden, einschüchternden Lebensbedingungen unüberschaubarer Stadtregionen zwingen; The Bronx und Brooklyn sind erschreckende Beispiele. Hier schmarotzen zahlreiche Ideologien und Mythologien am Unglück des Daseins; es mag sich wieder einmal eine ausbreiten wie ein Präriebrand.

Das Moment der historisch ungewohnten quantitativen Problematik wurde vom Städteplaner bisher meist linear angegangen; die Straßen wurden länger. Die Zentrierung wiederholbarer und überschaubarer Siedlungseinheiten, »Trabantenstädte«, scheint ein Ausweg; aber hier lauert die gähnende Langeweile. Alles ist artifiziell, gewollt, beabsichtigt, geplant – manipuliert also. Wir haben es noch nie erleben können, daß eine dieser neuen Siedlungseinheiten plötzlich Strahlungskraft entwickelt und ihre Nachbarschaft sich hierarchisch unterordnete, zur neuen Stadt wurde.

13

Wenn sich schon nicht der Glücksfall erzwingen läßt, so ließe sich doch mancher Unglücksfall vermeiden. Das nur durch die Transportmittel gegliederte, in Wahrheit – das beweist der Blick von oben mit einem Schlag – chaotisch gewachsene Stadtgefilde bringt technische Aufgaben mit sich, die für die Masse der Stadtbewohner nur noch unter erheblichem Aufwand zu bewältigen sind. Sie wären aber ohne weiteres zu einem großen Teil zu verringern, lebten wir nicht in einer von ihren technischen Möglichkeiten behexten Gesellschaft. Weil sie Verkehrsmittel besitzt, wähnt sie sich nicht mehr an Raum und Zeit gebunden. Der Einzelne zahlt die Zeche. Wer sich täglich stundenlang zur und von der Arbeit zurück seinen Weg erkämpfen muß, lebt in einem Biotop, das sekundär unbesiedelbar geworden ist durch Überbesiedlung.

Die Roheit, mit der das städtische Leben in Gang gehalten wird, zeichnet die gesamte Einstellung unserer Zivilisation dem biologischen Geschehen unseres Planeten gegenüber aus. Es ist wieder die gleiche »anspruchsvolle Gleichgültigkeit«, die dem Zeitgenossen der Natur gegenüber eignet; er wendet sie nun gegen sich selbst. Die stumpfsinnige Verwüstung menschlicher Energie wird in Rekorde umgefälscht: Transportrekorde, Besucherrekorde usw. Doch scheinen Grenzen näherzurücken, die nicht so leicht zu überspringen sind; man denke etwa an die Wasserversorgung. Eine Revision des Selbstgefühls wird notwendig sein. Diese Umbesinnung muß freilich bis in die theologischen Alibis reichen. Der Satz: »Die Erde sei dir untertan« verlangt jetzt ein anderes Vorstellungskorrelat, als es in den Offenbarungsträumen von Hirtenvölkern gegeben war. Die Erhaltung des Lebens im Beziehungsgefüge einer modernen Industriegesellschaft – nunmehr ständig von der atomaren Selbstvernichtung bedroht – erfordert, gemessen an jenen Zeiten, ein unvergleichliches Maß an kritischem Bewußtsein.

Ein realistisches Argument, das man gegen unsere Meditationen vorbringen kann, ist darin begründet, daß die Bewußtseinsbildung in einer extraversiven Konsumkultur wahrscheinlich nicht gerade Einsichten fördern wird, die ihre spezifischen Illusionen antasten. Im Gegenteil: von der Lobpreisung der Waschmaschine bis zum Heroin besteht unsere Zivilisation auf der Verleugnung ihrer Schattenseiten. Ihre Werbungstechnik unterscheidet sich darin gar nicht von der alten theologischen Propaganda, den Menschen immerfort an seinem Illusionswillen zu packen, statt ihn gegen Illusionen stark zu machen. Wahrscheinlich vollzieht sich hier ein sehr unbewußter Abwehrvorgang gegen die Realisierung der beängstigenden Bevölkerungszunahme. Eingeübt in Größenordnungen, die wir längst verlassen haben, können wir diese Überflutung unserer Straßen, unserer Stadien, unserer Theater, unserer Restaurants – kurz aller Plätze, an denen sich Leben in der Öffentlichkeit vollzieht – nur in euphorischer Umdeutung uns zur Kenntnis bringen; als sei diese Überfüllung etwas Festliches. Statt dessen zwingt uns die städtische Enge zu gänzlich unfestlicher Aufgabe individuellen Verhaltens. In der Überfüllung reagieren wir auf jedes Zeichen des Non-Konformismus mit gesteigerter Angst. Hektische Moden der Aufgeregtheit werden mit Opposition verwechselt. Das hat ungefähr so viel mit Befreiung des Ich aus den Klammern der Außenlenkung zu tun wie das Anzünden von Botschaftsgebäuden mit Politik. Die Dimension der abweichenden Meinung droht in der verwalteten Massenwelt zu verschwinden; sie wird gewissermaßen technisch unmöglich. Werden nicht neue Plätze, städtische Begegnungsorte geschaffen, in denen sich die Meinungsverschiedenheiten *mit politischen Folgen* kundgeben können, dann wird in der Tat die Substanz der stadtgeborenen Freiheit erlöschen.

So viel ist jedenfalls sicher, daß Einsicht den urbanen Entwicklungen nur auf der Ebene statistisch errechneter Konsumbedürfnisse, nicht aber auf der der Gesellungsfragen voraus gelaufen ist. Das zeitgenössische Bewußtsein, das an Vorstellungen von Mond- und Marsreisen sich ergötzt, schließt die Augen vor den einfachsten Folgeerscheinungen unablässig wachsender Produktion und Kopfzahl. Die Gefahren, die sich hier stetig aufladen, werden sich nicht spielerisch wie in der science fiction beseitigen lassen.

14

Mit dem Stadtplaner muß man in der Tat Mitleid haben. Zu all den Qualen, welche die Gesellschaft für ihn ausgedacht hat, kommt noch hinzu, daß er sich selbst eigentlich sagen muß, seine Position sei unhaltbar. Solange die Besitzverhältnisse der Städte unangetastet bleiben, vollzieht sich eine anarchische Ausdehnung, die wider alles bessere Wissen die Landzerstörung vorantreibt; von ihm verlangt man dann aber, daß er all diesen rücksichtsfreien Expansionsbedürfnissen sekundär eine Form gibt.

Die »große Landzerstörung« wird aber unausweichlich sich weiterfressen, je williger Randgemeinden Industrien verschwenderisch Platz anbieten, den diese dann äußerst extensiv bewirtschaften; je unbestrittener es bleibt, daß das bürgerliche Einfamilienhaus das Endziel standesgemäßer Unterbringung darstellt. Einem 1963 publizierten *White Paper on London* der britischen Regierung kann man entnehmen, daß der Autor, Sir Keith Joseph, eingesehen hat, daß »die Probleme von London als Stadt nicht länger zu trennen sind von den Problemen Londons als Region«[6]. »Städtische Region« ist die freundliche Umschreibung für den Ballungsbereich von Industrien und Wohnsiedlungen, die sich nicht mehr konzentrisch um einen Stadtkern lagern, sondern eine ganze Region und ihre Aura überwachsen. Deren Breite ist etwa bestimmt durch die Kontrastbedürfnisse der in der städtischen Region beheimateten Menschen, ihre Erholungsbedürfnisse. Die Größenordnung, in der städtisches Leben sich hier abspielt, macht eine Planung notwendig, in welcher trotz der vermehrten Distanzen ein

6 *Observer*, 3. 3. 1963

Bereich des Alternierens zwischen Stadtlandschaft und Landschaft möglich bleibt, beziehungsweise erleichtert wird. Der Gedanke, daß der Mensch den Anforderungen der sei es monotonen, sei es hektisch gespannten Berufstätigkeit in den Städten nur dann gewachsen bleiben könne, wenn man ihm den Zugang in die Landschaft nicht versperrt – in eine Landschaft, deren Gesicht von Naturprozessen und nicht von technischen Gebilden bestimmt wird – dieser Gedanke bedarf weiterhin des Klassenkampfes (mit leicht veränderter Stoßrichtung), um überhaupt ernst genommen zu werden. Vorerst wird der Stadtbürger von den Werbefachleuten verschiedener Provenienz umgarnt und in Illusionslandschaften dirigiert. Sie stehen zu allermeist in gar keiner natürlichen dialektischen Beziehung zu seinem alltäglich geführten Leben. Das ist nicht zuletzt der Grund, warum für den Städter auch die Erholung zur Anstrengung wird, warum er von seinen ausgedehnten Reisen nicht entspannt, sondern desorientiert zurückkehrt, und warum er es schon längst nicht mehr versteht, von den einfacheren Chancen, seine eigene Landschaft kennenzulernen, Gebrauch zu machen.

15

Durch die Vermehrung der Menschheit hat sich nichts an der Tatsache geändert, daß die Grundbedürfnisse des einzelnen Menschen in allen Lebensaltern wesentlich die gleichen geblieben sind. Arthafte Eigenschaften, die in Jahrzehntausenden entstanden sind, verändern sich auch unter so überaus brüsken Veränderungen der Umwelt, wie sie unsere Erfindungszivilisation vollbringt, keineswegs schneller. Der

Mensch bleibt auch im Binnenraum der »zweiten Natur« wie Alfred Weber die Areale der technischen Zivilisation genannt hat, ein Wesen primärer Natur. Freilich ein anpassungsgewandtes Wesen. Anpassung heißt aber nicht nur gelungenes Sicheinfügen in einen sozialen Lebensstil und die spezifische Umwelt im ganzen; Anpassung, nämlich passive, unterwerfende Anpassung, wie wir sie alle an die riesige Maschinerie unserer Zivilisation vollziehen müssen, hat auch immer einen Preis, um den diese Leistung gelang. Betrachten wir einige Bedingungen, die für eine gesunde Entwicklung des Menschen im Milieu der städtischen Groß-Agglomerate genauso gegeben sein müssen wie auf dem Dorf, um durch diese Anpassungsaufgaben zu verstehen, welche Voraussetzungen eine sinnvolle städtische Planung schaffen muß, um eben nicht den Menschen in jene »tödliche Unzufriedenheit« zu manövrieren, aus der heraus er in seinem Anpassungswillen dann auf immer primitivere, archaischere Stufen zu regredieren die Neigung haben wird.

Die Anpassungsphase des Menschen von der Geburt bis in sein drittes oder viertes Lebensjahr ist durch seine ungewöhnliche Ohnmacht und infantile Abhängigkeit charakterisiert. Die Konstanz der Gegenwart der Mutter ist durch nichts in dieser Zeit gleichwertig zu ersetzen. Darin sind sich alle Anthropologen einig; und zwar nicht deshalb, weil sie sich in Idyllen ergehen, sondern weil zunehmend klarer wurde, daß diese ersten Lebensjahre für die Formation des späteren Charakters (was den Steuerungsvorgang des Verhaltens meint) Grundlagen schaffen, die später kaum noch oder nur mit riesiger Anstrengung korrigierbar sind. Hier kann nun in der Tat der Städteplaner vom Psychoanalytiker einen Elementarunterricht in Entwicklungslehre nehmen. Dabei wird er erfahren, daß diese Phase der sehr frühen

Kindheit für dieses Kind, für Mutter, Vater und Geschwister eine Zeit stürmischer Gefühlsbelastungen mit sich bringt; sie ist nämlich alles andere als eine Idylle. Eine Mutter, die es lernen muß, mit ihrem ersten Kind zusammenzuleben, das ihr so viele Freiheiten, die ihr gerade unsere Zivilisation bisher gewährt hat, wieder nimmt, eine solche Mutter ist außerordentlich belastet, mehr als eine, die in ländlichen Verhältnissen mit den Hilfsmöglichkeiten einer Sippe diese Erfahrungen zu bestehen hat. Wir haben also das Aufwachsen eines Kindes nicht nur als dessen Aufgabe, sondern als die Reifungsaufgabe einer primären Gruppe, der Familie, zu betrachten. Es reift hier nicht nur das Kleinkind heran, sondern es haben die erwachsenen Beziehungspersonen ebenfalls ihre spezifischen Reifungsprobleme, unter anderem eine Fülle von Verzichten, zu bewerkstelligen.

Welche formalen, raum-ordnenden Konsequenzen hat das? Dabei müssen wir die Entwicklungstendenz unserer Gesellschaft berücksichtigen, die immer mehr Frauen außerhalb des Hauses arbeitstätig werden läßt, die diesen Frauen ein Selbstbewußtsein verleiht, das es ihnen oft unmöglich macht, das errungene Stück Selbständigkeit des Kindes wegen wieder aufzugeben. Junge Mütter sind deshalb häufig genötigt, die Rolle der Mutter und die Rolle der Berufstätigen miteinander zu vereinen, ebenso wie dies der Vater bisher tat. Wenn also seit der Trennung von Arbeits- und Wohnplatz der Vater die Erziehungspflichten in ihrer Alltäglichkeit mehr und mehr der Mutter übertrug, so muß nunmehr ein Ausgleich gesucht werden. Die Kollision von Pflichten und Strebungen, der Konflikt von Wünschen liegt trotz aller Mißbräuche auf der Linie einer weiteren intellektuellen Differenzierung und Verselbständigung der Frau, der längst nichts mehr vom Eifer der Suffragetten anhaftet.

Aber wie diese Mütter mit der Kollision dessen, was ihre Natur ihnen vorschreibt und ihre Kultur ihnen zu entwickeln erlaubt, fertig werden, von der leidlichen Koexistenz dieser widersprüchlichen Engagements hängt der Staat der folgenden Generation nun wieder in einem ganz und gar unveränderbaren biologischen Bedingungszusammenhang ab. Steht die Mutter ihrem kleinen Kind nicht mit Leib und Seele während mehrerer Stunden am Tag zur Verfügung, dann kann es nicht jene soziale Vertrauensgrundlage erwerben, die es zeitlebens brauchen wird, um sich mit einem Gefühl der Sicherheit im Rücken in den Raum der Gesellschaft zu wagen.

Sollen also hier krasse Notstände für das Kind vermieden werden, so geht es um die Bereitstellung sehr einfacher Voraussetzungen, die es den Müttern erlauben, Beruf und Mutterrolle befriedigend zu vereinen. Es muß etwa die Distanz zwischen dem Wohnbereich und den Fertigungsbetrieben oder Administrationszentren, in denen die Mütter beschäftigt sind, verringert werden, so daß die Mutter rasch vom einen zum anderen Platz gelangen kann. Es müßten zudem die Arbeitszeiten so verteilt sein, daß die Trennung von den Kindern nicht zu lange währt, weil das Kleinkind, wie erwähnt, lange Perioden der Abwesenheit der Mutter nicht ohne Schaden erträgt. (Auch Krippen und Kindergärten sind dafür kein vollgültiger Ersatz.) Nimmt man, gestaffelt nach dem Alter der Kleinkinder, für die Mütter eine maximale Arbeitszeit von vier bis sechs Stunden an, so müßten sie wenigstens zweimal am Tag den Weg zu ihrem Arbeitsplatz ohne großen Zeitverlust und ohne zu große Anstrengung zurücklegen können.

So einfache Forderungen muß also der Anthropologe an den Planer von Siedlungen stellen. Dabei kann er sich

darauf berufen, daß ihre Erfüllung eine der Grundvoraus-
setzungen für den ersten Schritt zu einem normalen Aufwachsen unter den Bedingungen der industriellen Massenzivilisation ist. Kommt man den Frauen im übrigen durch
eine derartige vernünftige Planung entgegen, dann vermögen
sie sich auch mit einer wesentlich größeren Ruhe zwischen
ihren beiden Leistungsbereichen zu bewegen.

Bisher ist es doch immer so gewesen, daß die Frau in der
städtischen Zivilisation für die Tatsache, daß sie den biologischen Prozessen der Schwangerschaft, der Stillzeit und einer
Phase intensiver mütterlicher Fürsorge für das Kleinkind zu
genügen hatte, noch bestraft wurde. Die Leichtigkeit, mit der
es häufig gelingt, Mütter von ihren Kindern rasch nach der
Geburt zu trennen, nur, damit sie ihre Berufsarbeit wieder
aufnehmen können – oft ohne materiell zwingenden Grund –
ist deutlich eine Reaktion auf dieses unterprivilegierte Dasein der Mutter. Das ist eine überaus schlechte Bedingung
für eine Kultur als ganze.

Es genügt, festzuhalten, daß die späteren Charaktermerkmale der Beziehungslosigkeit, der Indifferenz, der Roheit
der Gefühlsbeziehungen, die Interesselosigkeit überhaupt,
der intensive Zerstörungsdrang, den wir bei vielen Jugendlichen beobachten – und der als Zerstörungsdrang aller
mitmenschlichen Beziehungen das ganze Leben hindurch
erhalten bleiben kann –, daß all diese antisozialen Verhal-
tensäußerungen ihre Wurzel in den nicht geglückten früh-
kindlichen mitmenschlichen Beziehungen haben. Leider ist
in dieser Feststellung keinerlei Übertreibung enthalten. Wir
sollten diese Einsichten der modernen Entwicklungspsycho-
logie als das nehmen, was sie sind, als Einsichten in Gesetzlichkeiten der Humanbiologie. Zwar ist der Mensch enorm
anpassungsgewandt, er kann bis zur extremen Unvernunft

biologische Gesetzmäßigkeiten ohne sofortige Strafe überschreiten. Geschieht das, so sollten wir später über die Ergebnisse nicht allzu erstaunt sein. Es geht wie bei vielen Suchten zu; die pathologische Entwicklung hat die Tendenz, sich aus sich selbst heraus dauernd zu verstärken.

Verfolgen wir den Weg des Kindes weiter. Der Phase der extremen Abhängigkeit folgt eine zweite, in der Autonomiestreben und Abhängigkeit nebeneinander herlaufen. Der Bewegungsdrang des Kindes steigt und muß jetzt gestillt werden. Damit fängt eine neue Leidensperiode der städtischen Kinder an. Denn ihre noch ungekonnte Aktivität ist unausgesetzt ein Stein des Anstoßes; einfach deshalb, weil die Abseitsräume für kindliches Spiel sowohl in der Enge der Wohnung wie in der Enge großstädtischer Wohnareale fehlen. Aber Eigenraum für das Kind ist nun unerläßlich; zudem braucht es Plätze, an denen es sich mit seinesgleichen treffen kann.

Ist für ein Kind kein Eigenraum in der Wohnung gegeben, dann kollidiert es ununterbrochen mit der Mutter und mit anderen Erwachsenen bei deren Tätigkeiten. Die wachsenden Lebenskosten, die immer mehr Investition bezahlter Arbeit von Vater und Mutter notwendig machen, bewirken bei der Mutter zusammen mit dem Gefühl, daß ihre Tätigkeit in dieser Gesellschaft unterprivilegiert ist, leicht einen permanenten Zustand der Gereiztheit. Sie reagiert dann gar nicht aus der Einfühlung in ihr Kind, was ihr leicht möglich wäre, wenn sie ihm gelassen zuschauen könnte, sondern sie zwingt es frühzeitig zu einer *Überangepaßtheit,* die seinem Alter gar nicht entspricht, vielmehr frühzeitig die Autonomiestrebungen durch Strafandrohung zum Erlahmen bringt. Daß der durchschnittliche Angestellte mit seinem typisch engen Aktionsradius hier frühzeitig konditioniert wird, ist ein feed back, das sich zwar automatisch eingestellt hat, das man aber gerade auflösen sollte. Wenn der künftige Angestellte nun schon beim besten Willen seiner Arbeit keinen Sinn mehr wird abgewinnen können, muß man ihn dann zuvor mit Hilfe der Erziehung auch noch so weit verkrüppeln, daß er seinem *ganzen Leben* keinen Sinn zu geben vermag, keine Ausgleichsbefriedigungen zu finden weiß, an denen er reifen kann? Offenbar tendiert unsere Entwicklung dahin, daß der Arbeitsphase im Leben ein immer schmälerer Bereich zukommt und einer nicht unmittelbar auf den Lebensunterhalt gerichteten Tätigkeit ein immer breiterer. In ihm wird sich die Identitätsfindung des Bürgers der Zukunft noch mehr als die des Zeitgenossen vollziehen müssen.

Die schäbige Bauweise unserer Häuser trägt aber nicht zuletzt Schuld an der frühzeitigen Verstümmelung der Initiative des Kindes, denn sein Triumph- oder Schmerzgeheul wird unvermeidlich zu einer Belastung für den weiteren Kreis der Mitbewohner, die an diesen Schwankungen der Gefühlswelt nicht unmittelbar interessiert sind, deren bloß irritierte Zeugen sie werden. So wird das Kind von den gereizten Erwachsenen immer wieder zu einer ihm unnatürlichen Ruhe gezwungen, das die ambivalenten Gefühle füreinander auf beiden Seiten, der des Kindes wie des Erwachsenen, ungut steigert.

16

Der Anthropologe kommt aus der Verwunderung darüber nicht heraus, daß die merkantile Planung unserer Städte offenbar nur für *einen* Alterstypus und da noch mangelhaft genug geschieht, und zwar für den erwerbsfähigen Erwachsenen. Wie das Kind zu einem solchen wird, scheint ein zu vernachlässigender Faktor. Vielmehr, es wird danach überhaupt nicht gefragt. Die kindliche Eigenwelt als ein Bereich sozial Schwacher wird rücksichtslos manipuliert. Hier entdecken wir ein fast unbeachtetes Residuum voraufklärerischer absolutistischer Herrschaft. Man mag einem Erwachsenen noch so viel Unverstand bestätigen, ihn noch so sehr gängeln, das hat insbesondere die christlichen unter unseren Mitbürgern noch nie beunruhigt und zu Fragen veranlaßt, ob er seine Rolle als Mutter und Vater versehen kann und dabei berechtigt ist, alle Machtmittel, die ihm zur Verfügung stehen, einzusetzen. Im Gegenteil: hier herrscht eine stillschweigende Übereinkunft und ein antipsychologischer Affekt; denn von der Psychologie befürchtet man instinktiv, man könne zu einem Nachweis der Erziehungsberechtigung und der eingeschlagenen Methoden aufgefordert werden. Vornehmlich in Deutschland wird die Verfügungsgewalt über das Kind mit der gleichen Rücksichtslosigkeit ausgeübt, die man auch sonst Minoritäten gegenüber für angebracht hält. Der faktische Unverstand bildet sich auf die Roheit seiner Methodik noch etwas ein. Soweit dem mit öffentlichen Mitteln zu begegnen ist, kann dies zweifellos nur dadurch geschehen, daß man die Arbeitsleistung der Mutter erst einmal betont überprivilegiert, weil dann auch mehr Arbeitskräfte für die Hilfsberufe der Mutter (Hortnerin, Kindergärtnerin ect.) gefunden werden können. Stadtplanerisch wird sich dies in einem dichten Netz von verkehrssicheren Spielplätzen, die einen Zugang zu Grünflächen haben, niederschlagen müssen.

So erhält der noch nicht erwerbstüchtige Mensch nicht die Auslaufflächen, die er benötigt; die Stadt spendiert sie ebensowenig dem nicht mehr berufstätigen alten Menschen. Es ist eine Fahrlässigkeit, daß Städteplanung ohne dieses Minimalwissen um die Grundbedürfnisse der verschiedenen Altersgruppen geschieht. Unsere Gesellschaft bezahlt unablässig dafür. Dabei geht es überhaupt nicht um eine Vermehrung des Komforts oder gar Luxus; es geht nicht darum, daß ein höherer Lebensstandard durchgesetzt werden soll, sondern um die Schaffung unerläßlicher Lebensvoraussetzungen für Menschen, deren ganzes Leben im städtischen Raum sich abspielt. Werden diese Voraussetzungen nicht berücksichtigt, so entsteht daraus ein Politikum erster Ordnung. Es werden durch die Defektformen der Raumplanung – sowohl in der Intimsphäre wie in den Bereichen der Öffentlichkeit – an der Sozietät nur wenig interessierte oder ihr gar feindlich gesinnte Individuen herangebildet. Pointiert, aber in der Determination exakt, kann man sagen, daß eine Stadt, die ihren Kindern keine weitläufigen Spielplätze, ihren Jugendlichen keine leicht erreichbaren Sport- und Tummelplätze, keine Bäder und Jugendzentren in der Nachbarschaft ihrer Wohnstätten verschafft, sich nicht wundern darf, wenn ihre erwachsenen Bewohner dann später nicht am politischen Leben der Gemeinde Anteil nehmen; wenn diese Anteilnahme überhaupt nicht mehr in ihren Gesichtskreis tritt, wenn sie das Problem Stadt nur noch in den städtischen Betrieben, dem Gaswerk, der Müllabfuhr und den Verkehrsmitteln erleben können.

So ist aber doch die Lage. Es hat sich ein circulus vitiosus herausgebildet: Da die Verankerung des in den Städten aufwachsenden Menschen in seiner Kindheit mit weit mehr Enttäuschungen, Beschränkungen, Verzichten, Verboten belastet ist, als dies bei vernünftigem Bedenken seiner Bedürfnisse notwendig wäre, wächst zwar ein stadtgeborener

Bürger auf, aber keiner, dem diese seine Stadt wirkliches Interesse, wirklichen Respekt abnötigt. Er ist zu früh auf die egoistischen Regulationen vom Typus »Das Betreten des Rasens ist verboten« getroffen, um später anders als egoistisch sich seinen Weg durch das »Dickicht der Städte« bahnen zu können.

Wollen wir also diesen in die *Sozialpathologie* führenden Zirkel durchbrechen, so müssen wir dem Kind und Jugendlichen den ihm angemessenen Spielraum – im unmittelbaren Wortsinn – schaffen und gegen alle sonstigen Zweckmäßigkeitserwägungen offenhalten. Das wird nur gelingen, wenn unermüdlich Aufklärungsarbeit geleistet, wenn kräftig wiedergekäut wird, bis es auch der letzte Stadtverordnete verstanden hat. Bis er verstanden hat, daß er nicht nur für die Legung einer neuen Straßentrasse, sondern ebenso für die Schaffung eines Spielplatzes Boden in der Stadt enteignen kann.

Nach den schockierenden Erfahrungen beim Wiederaufbau deutscher Städte ist klar vorauszusehen, daß eine Abhilfe ohne eine starke Sozialgesetzgebung nicht zu erreichen sein wird. Nur so kann man jeden Bauherrn dahin verpflichten, der Größe des zu vermietenden Wohnraumes entsprechend Spielraum in der unmittelbaren Nachbarschaft des Hauses zu schaffen. Durch Planung der Baukörper wiederum ist zu erreichen, daß die Spielflächen der neu zu errichtenden Häuser aneinander grenzen und ein von den Verkehrswegen abgeschlossener Binnenraum für Spielplätze und für Spazierwege entsteht. Über die Brauchbarkeit der hierfür vorgesehenen Fläche sollten dann aber nicht die Bauherren entscheiden, sondern ein unabhängiger Ausschuß von Ärzten, Psychologen, Pädagogen. Nur mit einer solchen rücksichtslosen Gesetzgebung im Dienste der Psychohygiene

– um dieses schreckliche Wort zu verwenden – läßt sich der rücksichtslose Egoismus der Bauherren in Schach halten. Die Forderungen des Landschaftsschutzes kehren also mit verstärkter Dringlichkeit als Forderung des Schutzes sozialer Minoritäten wieder.

17

Um es zu wiederholen: Wenn wir hier Enteignung im öffentlichen Interesse fordern, um ausreichende Voraussetzungen für die Entwicklung der Stadtjugend zu schaffen, so geschieht dies im Dienste biologischer Minimalbedingungen einer gesunden leib-seelischen Entwicklung und der Minimalbedingungen für einen positiv verlaufenden Sozialisierungsprozeß des Menschen, einen Prozeß also, der ihn zu einem reifen, an seiner Gesellschaft interessierten Bürger werden läßt. Trotzdem dürfen wir sicher sein, daß die Forderung nach Errichtung von Spielplätzen, die natürlich nur dadurch erreicht werden kann, daß irgendwelche Privateigentümer auf nutzbringendere Verwendung ihres Baugrundes verzichten müssen, als »ultrasozialistische«, antiliberale, um nicht zu sagen als kommunistisch inspirierte Idee angeschwärzt werden wird; bestenfalls wird man bereit sein, das ganze als eine utopische Forderung zu interpretieren. Aber eben eine Utopie, an der man nicht besonders hängt und die man rasch wieder vergißt. Natürlich wird man eine solche Forderung als Wünschbarkeit zulassen, um sie dann aber mehr oder weniger verlegen als unerreichbar zu degradieren. Ähnlich wie es dem Vorschlag des amerikanischen Stadtplaners Bingham ergeht, der die gesamte City für den Individualverkehr sperren will – ein Vorschlag, dem sich kürzlich Ernst May angeschlossen hat. Dem Einwand, »solche Vorschläge könnten auch in gemilderter Form nicht ernst genommen werden und nicht ernst gemeint sein«, weil sie »Vollmachten des Stadtplaners voraussetzten, die die liberale Wirtschaft und demokratische Verfassung ihm nie zubilligen könnten«[7] – diesen Einwand können wir nun in der Tat nicht gelten lassen. Es müßte doch sorgfältig durchdiskutiert werden, wer hier anti-liberal, anti-demokratisch vorzugehen wünscht. Es wird doch gerade nicht eine anti-individuelle, die Besitzprivilegien willkürlich antastende Reglementierung vorgeschlagen. Sondern die Unterordnung des privaten Nutzens unter den öffentlichen wird gefordert, weil dadurch ein Zustand geschaffen werden kann, der das Heranwachsen von Menschen ermöglicht, die im Zustand des Erwachsenseins überhaupt begreifen können, was Liberalität, was städtische Freiheit ist. Sie haben also einen Reifungsweg hinter sich, der ihnen soziale Erfahrungen gebracht hat, die sie offen, kritisch, bewußt für die Probleme ihrer Gesellschaft werden ließen – also demokratisch-sensibel statt stumpf, anspruchsvoll, ressentimentgeladen und zur Hörigkeit gegenüber jedem verdammt, der ihre Wunschregungen kurzfristig zu befriedigen verspricht.

Diese letztgenannten Verhaltenseigentümlichkeiten haben stets eine pessimistische Einschätzung erfahren, als handele es sich um erbgenetisch feststehende Charaktermerkmale wie Augenfarbe und Körperlänge. Erst die moderne, von der Psychoanalyse entwickelte Psychologie hat uns voll verstehen gelehrt, bis in welche Feinheiten seines Habitus hinein das Individuum von seiner sozialen Umwelt mitbestimmt wird; die stärksten Einflüsse sind dabei die unbewußt ver-

7 *Frankfurter Allgemeine Zeitung*, 1. Januar 1963

laufenden, jene Identifikationen, für die wir selbst ziemlich blind sind, die aber der Außenstehende sofort als »typisch« erkennt.

18

Ein guter Gradmesser für den stabilisierenden oder desintegrierenden Einfluß auf die Persönlichkeitsentwicklung, den ein gegebener sozialer Bereich ausübt, ist die Rolle, welche Kriminalität, Perversionen und erlebnisbedingte Krankheiten in ihm spielen. Von Krankheiten wird später die Rede sein; zunächst sei ein Blick auf die Relation von Asozialität und herkömmlicher Großstadt geworfen. Die großen Agglomerate von Tokio, Los Angeles, New York, London sind schockierende Beispiele. »Englands Städte«, schrieb der Observer [8], »sind heute eine lebendige Warnung, wie man nicht planen sollte; sie sind ästhetisch ein Albtraum, ökonomisch eine Verschwendung und sozial unzulänglich«. Wer zum Beispiel die Darstellungen von Albert C. Cohen »Zur Soziologie des jugendlichen Bandenwesens« [9] kennt, in welcher der Autor eine Analyse der Milieubedingungen in der Umgebung großstädtischer Jugendlicher versucht, sieht hier aufs anschaulichste die Wege, die in die Kriminalität führen. Wer »The Shook-up Generation« von Harrison E. Salisbury [10] gelesen hat, kann sich nicht mehr auf die vor allem in Deutschland so hochgezüchtete, aber trotzdem veraltete

8 3. März 1963
9 Albert C. Cohen: *Kriminelle Jugend.* rowohlts deutsche enzyklopädie, Bd. 121
10 Harrison E. Salisbury: deutsch *Die zerrüttete Generation.* rowohlts deutsche enzyklopädie, Bd. 159

Vorstellung berufen, soziale Abartigkeit ebenso wie sexuelle und süchtige sei pure Auswirkung ungünstiger Erbmischungen. Diese Faktoren spielen gewiß eine Rolle, aber der Einfluß ungünstiger Milieubedingungen vertieft und befeuert die asozialen Neigungen, so daß dem Individuum niemals die Integration sowohl sexueller wie vor allem auch aggressiver Impulse unter den Kontrollinstanzen eines Sozialgewissens und eines individuellen, kritikfähigen Ichs gelingt.

Wir betonen den bedeutenden Einfluß des Milieus, weil hier ein Faktorenbündel angesprochen wird, auf das wir einwirken, das wir verändern können. Damit wird noch lange nicht statt eines Vulgär-Materialismus der Vererbung ein Vulgär-Behaviorismus gepredigt. Die Wahrheit liegt aber auch nicht »irgendwo in der Mitte«; man kann ihr nur durch eine Einstellungsänderung, sowohl vom behavioristischen wie vom erbgenetischen Standpunkt aus, näherkommen, indem man sorgfältig studiert, wie die soziale Mitwelt stimuliert und wo sie verkümmernd auf die Entwicklung der Talente und des Charakters einwirkt.

Wie sehr der Mensch ein primäres Sozialwesen ist, wird einem erst klar, wenn man sich daran erinnert, daß er nach einer verkürzten Schwangerschaftsdauer (man erinnere sich an Portmanns Formulierungen vom »extrauterinen Frühjahr« und vom »sozialen Uterus«) in einem hohen Grad der Unreife geboren wird. Die Muster, die sein zwischenmenschliches Verhalten regulieren, wachsen aber auch nicht nach einem arteigentümlichen Reifungsplan aus, vielmehr stellt diese Reifung nur Bereitstellungen her. Diese Ablösung von angeborenen, arteigentümlichen sozialen Verhaltensmechanismen bringt also die Notwendigkeit mit sich, daß der Mensch sein soziales Verhalten *erlernen* muß. Erziehung ist für ihn weit mehr Schicksal als Vererbung. Das trifft jedenfalls in den allermeisten Durchschnittsfällen zu. Und Erziehung wiederum ist durch das soziale Milieu aufs stärkste determiniert.

Da also die Sozialverhältnisse *nicht* erbgenetisch gesichert sind, ist keine Gesellschaftsordnung, keine Umweltgestaltung perfekt. Jede Epoche versucht, auf Grund ihrer Weltinterpretationen ein Wertsystem und damit auch ein Erziehungssystem zu entwerfen und zu verwirklichen. Was wir verlangen können – verlangen müssen –, ist die Anwendung unserer wissenschaftlichen Einsichten auf diese pragmatische Gestaltung unserer Umwelt. Wissenschaftliche Erkenntnisse sind Lernerfahrungen auf der jeweils erreichten vorgeschobensten Position unseres kritischen Bewußtseins. Eine Gesellschaft, die sich nur noch durch diese kritische Intelligenz in Ordnung halten kann, muß ihren wissenschaftlichen Einsichten Respekt verschaffen. Das ist ihre Form der Autorität, auf die sie nicht verzichten kann, die sie stark machen muß gegen die tradierten Autoritäten, auf die Gefahr hin, daß damit Unfrieden gestiftet wird. Dieser Unfrieden ist immer noch besser als die Friedhofsruhe, die abgelebte Sozialordnungen am Ende nur noch mit den Mitteln des Terrors herzustellen in der Lage sind.

Der Begriff des Sozialismus ist bis zur Unkenntlichkeit abgegriffen. Also muß es unsere Aufgabe sein, ihn am konkreten Sachverhalt und durch diesen neu zu profilieren. Seine Voraussetzungen oder seine ideengeschichtlichen Wurzeln sind übrigens keineswegs abgestorben; er entstammt dem aufklärerischen Humanismus, einer in Deutschland immer mit dem Odium der »Flachheit« behafteten Geistesrichtung. Es ist hoch an der Zeit, sich im Sinne dieses aufklärerischen Humanismus zu verständigen und dabei zu erkennen, in welchem Maße Unterwürfigkeit unter die Obrigkeit und unkritische Selbstidealisierung ein Ausdruck davon sind, daß wir unsere Affektkultur nicht bis zum Grade selbstverständlicher Liebens*würdigkeit* verfeinern konnten.

Wir schlagen uns auch nach einem Zweiten Weltkrieg, auch nach einer zweiten Katastrophe mit Autoritäten bzw. mit Autoritätsansprüchen herum, die sich strikt unter Umgehung der Aufklärung aus absolutistischer Vergangenheit herleiten. Schließlich sind 1945 nicht nur unsere Städte zertrümmert gewesen, auch unsere Gesellschaft war es. Wir haben beides verleugnet. Wir haben planerisch und architektonisch unbrauchbar restauriert und sind vorerst nur zu einer uns oktroyierten Demokratie gediehen. Es wurde ihr von unseren Kriegsgegnern kein schlechter Start gegeben; der Rückzug in die ökonomische Konkurrenz hat Früchte gebracht. Der Lebensstandard ist so verblüffend angestiegen, daß sogar der durchschnittliche Bürger der Bundesrepublik sich mit dem demokratischen System abfindet. Ob er es liebt, es ernstlich verteidigen würde, wenn es Opfer kostete, dafür ist der Beweis noch nicht erbracht.

In Deutschland ist dies zum ersten Mal eine Spanne gnädigen Schicksals für eine vom Volk kontrollierbare Herrschaftsform. Größeren demokratischen Initiativen sind wir in zwanzig Jahren nicht begegnet. Vor allem haben unsere Parteien, hat unser Parlament insofern versagt, als von ihnen keine geistige Initiative ausgegangen ist. Sie haben höchst selten eine Ordnung sichtbar werden lassen, an der sich der Volkswille konstellieren konnte. Nehmen wir das Beispiel der Stadtplanung. Keine Partei hat das Problem gesehen, geschweige es aufgegriffen. An ihm hätten sich ohne Zweifel die Gemüter entzündet. Solche Anlässe zur Weckung eines innenpolitischen Engagements werden ahnungslos vertan. Dieses Urteil wird man verfechten können. Denn Parteien sind nicht als Ausdrucksorgan der modernen Gesellschaft zu verstehen, in dem sich ein schon bestehender Volkswille, eine öffentliche Meinung kundgibt. Im Gegenteil: das ist gar nicht der Fall. Vorgefaßt ist nur die Meinung der Interessengruppen, die sich in den politischen Parteien dann auch nachdrücklich durchzusetzen pflegen. Parteien sind in der gegenwärtigen Gesellschaft eines der Medien geworden, in denen sich erst so etwas wie öffentliche Meinung bilden kann. Der Abgeordnete sollte nicht nur den berechtigten Wunsch haben, wiedergewählt zu werden, was ihn selbstverständlich dazu zwingt, die Interessen seiner Wähler zu verfechten; diese Wähler sollten umgekehrt von ihm erwarten, daß er auf der Ebene der parlamentarischen Arbeit *selbständige Denkleistungen* vollbringt. Die Delegation ins Parlament würde dann den Auftrag umschließen, daß die Wähler nicht nur sich selbst in ihrer Meinung bestätigt sehen, sondern daß sie eine Diskussion der Idee miterleben wollen. Naturgemäß muß sich der Delegierte den Interessen einzelner Gruppen stellen, muß ihr Sprachrohr, das Sprachrohr von Institutionen und Konfessionen sein, doch – so wäre es zu fordern – sollte über diesen Interessenausgleich hinaus ein grundsätzlicher Kampf um die Linie der Politik geführt werden. Nur dann kann es gelingen, die notwendige permanente Grundlegung demokratischer Lebensform in Gang zu halten. Unbestreitbar ist unser Parlament uns in dieser Hinsicht viel schuldig geblieben. Die Art und Weise, wie es eine quasi als natürlich angesehene Rangordnung der politischen Bereiche übernommen hat, spricht dafür. Nicht anders als zu Zeiten bürgerlich-monarchischer Kabinetts- und Imperialpolitik (bis 1918) oder zu Zeiten großdeutscher Wahnvorstellungen (bis 1945) bildet auch noch für die Regierungspolitik in unserer Republik das Budget der unmittelbaren und mittelbaren Militärausgaben einen überragenden, kaum ernsthaft zu diskutierenden, allem anderen vorrangigen Posten. Hier ist einfach die Problemdiskussion einundeinhalbes Jahrzehnt hindurch ausgeblieben. Regierung und Parlament ließen sich eine Rangordnung der Dringlichkeit oktroyieren, ohne sie ernsthaft zu diskutieren. Nur eine solche Diskussion hätte aber die Bewußtseinsbildung der Öffentlichkeit verändern können; statt dessen reichte die Kritikfähigkeit der Abgeordneten nicht aus, und die Wachsamkeit der Öffentlichkeit schlief ein. Nie wurde die Frage durchdacht, ob Deutschland vielleicht dadurch in männlich-kriegerischen Rivalitäten jeweils nach pompösen Anfangserfolgen versagte, sich lächerlich und verhaßt machte, daß es seine große Leidenschaftlichkeit, über die es verfügt, nie genügend pragmatisch sublimiert hat. Immer wieder setzten sich wahnähnliche Realitätsverkennungen durch, wurden Privatsysteme der Weltverbesserung entworfen; am Ende folgte Brutalität. Das mittlere Sozialisierungsniveau kann, was die Affekt- und Realitätskontrolle betrifft, bei uns zu Lande nicht ausreichend sein, sonst hätte sich nicht zugetragen, was geschah. Die Folgerung läge nahe, das Bedingungsgefüge der eigenen Gesellschaft mit Leidenschaft zum Inhalt der kritischen Schulung zu machen, eine Revolutionierung der Wertstereotype zu betreiben, um zu einer neuen Welt- und Selbsteinschätzung zu kommen.

Weder haben unsere Regierungen oder das Parlament in dieser Hinsicht vorausgedacht, noch sind sie von der Öffentlichkeit dazu angespornt worden. Wäre das geschehen, hätte es rasch zur praktischen Konsequenz führen müssen, daß in der Hierarchie der politischen Dringlichkeiten eine Verschiebung eingetreten wäre. Aufrüstung und Beteiligung am Rüstungswettlauf wären zum ersten Mal zurückgesetzt worden zugunsten von Aufgaben, die der Belebung unseres Gefühls der Selbstverantwortung gedient hätten. Humanisierung der Autorität, Verbreiterung der Erziehungsmittel, das heißt Ausbau der Schulen, Sicherung der leib- seelischen Bedürfnisse des Kindes während seines Heranwachsens – auch das wären Projekte, die große Summen beanspruchen würden, wenn man ihnen Größenordnungen zubilligte, die den Abgeordneten bisher ungewohnt waren und die sie nur im Sektor der höchstgezüchteten Destruktivität, also bei den Kampfmitteln, ohne viel Skrupel zu bewilligen gewohnt sind. Es ist doch ein vollkommen realistischer Gedanke, daß ein in seinen Interessen und seiner Entschlossenheit so verändertes Deutschland andere Reaktionen seiner Nachbarn evoziert hätte. Vielleicht wäre es auf diese Weise gelungen, den Bannkreis des Mißtrauens zu durchbrechen.

Es ist die Frage, ob man es uns erlaubt hätte, uns in Ruhe dieser Kultivierungsarbeit nach innen hinzugeben und stattdessen auf ein neuerliches Aufstellen der stärksten Kontinentalarmee des Westens zu verzichten. Es spricht vieles dafür, daß wir die Gegensätze von Ost und West auf diese Weise wenigstens in einem Bereich entschärft hätten; mindestens kann niemand behaupten, ein solcher Versuch, uns in einem neuen Selbstverständnis zu üben, sei von vornherein unmöglich gewesen. Faktisch ist alles beim alten geblieben, weil keine Partei, keine Gruppe von Abgeordneten mit allem Nachdruck und Ernst die Alternative gestellt hat. Niemand hat den Mut gehabt, die Hypothese zu vertreten, daß der Schuletat für das Überleben der Nation – möglicherweise auch für ihr bisher so ambivalent verfolgtes politisches Ziel: die Wiedervereinigung – die vordringlicheren Forderungen enthält vor jenen, die sich im Anwachsen des Verteidigungsetats aussprachen. So zeugt sich Denken, das *letzt-*

lich nur an militärische Problemlösungen im Streit der Ideologien denken *kann*, unheilvoll fort. Es ist nicht leicht, den Wiederholungszwang der Geschichte zu durchbrechen.

Nicht mehr als ein Durchdenken ist vorerst gefordert – eine hitzige Diskussion, die alle Facetten der Problematik zur Erscheinung bringt. Aber das setzt schon zu viel voraus. So viel oppositionelle Weitsicht, so viel echt konservativer, also auf die Erhaltung der *Substanz* bedachter Elan hat sich bisher in der Bundesrepublik nicht gefunden.

19

Erst wenn man die grundsätzlich *möglichen* Alternativen unserer politischen Entscheidungen zu suchen beginnt, werden sich Antworten auf Entwicklungen ankündigen, die vorerst nur Ratlosigkeit erzeugen. Kehren wir in diesem Zusammenhang noch einmal zur Jugendkriminalität zurück. Die Frage nach der stetig steigenden Quote von minderjährigen Gewaltverbrechern wäre wahrhaftig eines der großen Themen für das Parlament eines Landes. Auf welche Determinierung stößt man, wenn man tiefer dringt? Nichts davon wurde bei uns gehört; vielleicht ein Wehklagen in Verbindung mit der Forderung nach drakonischen Maßnahmen.

Den Motiven kann man freilich nicht auf den Grund kommen, solange man die Tabus der eigenen Gesellschaft nicht zu verletzen bereit ist.

Die Forderungen der Anpassung sind in jeder Gesellschaft hart genug; sie lassen sich jedoch nur dann aufrecht erhalten, wenn die Erfüllung biologischer Grundbedürfnisse wenigstens in einem Kernbereich gesichert ist.

Gewiß spielen lokale Faktoren eine Rolle; wir haben aber Grund, übereinstimmende Faktoren, die aus der unkontrollierten Entwicklung der Großstädte herrühren, für die in aller Welt zunehmende Asozialität verantwortlich zu machen. Da die amerikanische Großstadt weitgehend eine fabrizierte und nicht eine gewachsene Stadt ist, können wir erwarten, daß sie repräsentativ für diesen Entwicklungstrend zur Asozialität einsteht. Das trifft auch zu; deshalb entlehnen wir mit dem Blick auch auf unsere Verhältnisse eine Stelle aus H. E. Salisburys Bericht, wo er von dem Reverend Jerry Oniti aus Harlem berichtet. Die ganze Aussichtslosigkeit späterer Sozialarbeit mit Jugendlichen, die in Slums großgeworden sind, wird dort sichtbar. »Es ist ebenso schwer, in die Sozialarbeit eine vernünftig zentrale Planung hineinzubekommen wie in die Stadtplanung. Sie existiert einfach nicht. Niemand setzt sich hin mit einem Plan und denkt darüber nach, wie die Stadt aussehen sollte, wie sie zu verbessern wäre. Alles wächst wild durcheinander und führt ein eigenes Leben. Wir müssen alle für die schrecklichen Geschwüre zahlen, die wir mit schaffen helfen«[11]

Sozialarbeit, das hat bei uns immer noch den Charakter von Mildtätigkeit und Armenpflege; kaum einer scheint zu begreifen, wieviel von dieser Arbeit auf die gesamte Gesellschaft ausstrahlt. Bei den nächsten Belastungsproben wird sich das zeigen.

Für viele sind Probleme der Kriminalität etwas ganz Randständiges. Eine abendliche Fahrt mit dem Polizeistreifenwagen wird sie eines Besseren belehren. Die Zahl sozial schlecht angepaßter Jugendlicher ist sehr groß. Das ist gewiß das Ergebnis vieler Faktoren; aber auch dieses einen,

11 Salisbury, S. 125

daß dem jungen Menschen zu wenig Bewegungsspielraum angeboten, daß er in einer übervölkerten Umwelt allein gelassen wird. Wut auf das Bestehende bricht in großer Wildheit durch. Da fragt man sich dann unter anderem, ob wir uns eine pseudo-liberale Ideologie leisten können, die den städtischen Grundbesitz zu einem unberührbaren Tabu macht. Denn bleiben die Siedlungsbedingungen in den Fesseln bestehender Besitzverteilung, dann wird es keine zuträgliche Stadtumwelt, dafür aber asoziale Jugendliche in Mengen geben. Meint einer, diese Besitzverhältnisse als liberal verteidigen zu müssen, dann ist er offenbar einer Denkhemmung zum Opfer gefallen. Vom Politiker kann man nicht verlangen, daß er wissenschaftlicher Fachmann sei; aber man kann zweierlei von ihm verlangen: 1. Aufgeschlossenheit gegenüber Erkenntnissen, welche Fachleute gesammelt haben; auf diese Weise kann er sich ein Problembewußtsein schaffen; 2. daß er alle Kraft dafür einsetzt, die Öffentlichkeit – seine Wähler nämlich – in der Richtung dieses Problembewußtseins aufzuklären.

Höchstwahrscheinlich würde eine solche systematische Unterrichtung der Öffentlichkeit über die unabdingbaren Erfordernisse, die für das Heranwachsen einer Jugend in den Binnenräumen der Groß-Siedlungen erfüllt sein müssen, viel Echo und schließlich auch eine Honorierung durch den Wähler finden. Wenn eine Partei also Stadtplanung (Planung von Metropolis, Agglomerat-, Stadtregions-Planung) zu einem Hauptthema ihrer Innenpolitik machen würde und zeigen könnte, inwiefern eine solche Planung sinnvoll nur geschehen kann, wenn die Lebensbedürfnisse des Menschen als eines Wesens der primären Natur im städtischen Raum gewährleistet sind, dann könnte diese Partei trotz der Zumutungen an die Grundbesitzer und deren vorerst kaum zu vermeidende Feindschaft gewiß bald einer Unterstützung durch die Majorität der Wähler sicher sein.

In einem höchst beachtenswerten Referat hat Werner Hebebrand [12] seinen Vorgänger, den Hamburger Stadtbaumeister Fritz Schumacher, zitiert. Dieser hatte 1919 in einer Schrift »Hamburgs Wohnpolitik« folgendes geschrieben: »Für eine organische künftige Wohnentwicklung der Stadt kann der aus der Vergangenheit überkommene Zufall der Besitzverteilung an Grund und Boden unter Umständen völlig vernichtend wirken. Die bisher weitaus vorherrschende Art des Werdens der neuen Stadt bestand darin, daß eine im Bebauungsplan schematisch vorgezeichnete rohe Form tropfenweise ausgegossen wurde, indem ein Grundstücksbesitzer nach dem anderen seine jeweiligen baulichen Absichten zur Durchführung brachte. Soll das bauliche Wesen einer Stadt sich ändern, so muß man statt dessen auf Zusammenschlüsse hoffen, die größere zusammenhängende Teile nach einheitlichen Gesichtspunkten zur Ausführung bringen. Solche Ziele lassen sich nicht innerhalb der Zufallslinien bunt durcheinander gewürfelten Besitzes erreichen. Der Staat muß die Möglichkeit haben, wenn er solche Absichten selber durchführen oder sie durch Hergabe von Bauland in pachtartigem Verhältnis unterstützen will, das dafür nötige Gelände zu enteignen. Das Interesse der für die Allgemeinheit nötigen Entwicklung muß, auch wenn es Einzelnen weh tut, vor den Einzelinteressen stehen, und man darf die Durchführbarkeit solchen Gesichtspunktes nicht erst mit unverhältnismäßigen oder nach fiktiven Werten festgesetzten Opfern erkaufen müssen. Dafür müssen gerecht und billig erschei-

---

12 W. Hebebrand: *Die großstädtische Agglomeration und ihre Region – das Beispiel Hamburg.* Arbeitspapier zu einem Seminar der Zeitschrift *Der Monat*, Berlin 1963

nende Formen im Gesetz gefunden werden, eine unendlich schwierige und harte Aufgabe, die nicht nach einer vorgefaßten Idee übers Knie gebrochen werden kann, die aber einer klaren Lösung unbedingt bedarf.« In 45 Jahren sind wir dieser Empfehlung nicht um einen Schritt nachgekommen. Dabei hat uns Hebebrand seither mehrfach gezeigt, daß es schon einmal in unserer Geschichte einen langen Abschnitt gegeben hat, in dem das Problem des städtischen Grund und Bodens gelöst war, und zwar im Sinne einer »klaren Trennung von Boden und Bauwerk; juristisch ausgedrückt ... einem Obereigentum und einem Untereigentum.« Denn der Grundriß der mittelalterlichen Städte war, wie Hebebrand schreibt, »logisch und funktionell entwickelt unter Zugrundelegung eines genau differenzierten Verkehrssystems von Durchgangsstraßen, Marktstraßen, Fahrstraßen, Wohnstraßen und ›Wohngängen‹ entsprechend den damaligen Möglichkeiten. Die einzelnen Parzellen, auf denen man Wohnhäuser, die meist gleichzeitig Werkstatt, Speicher- und Kontorräume, sowie Wohnungen der Angestellten enthielten, errichtete, waren ziemlich gleich geschnitten, da sie nach Gewerben und Zünften zusammenlagen, die etwa das gleiche Platzbedürfnis hatten. Diese Parzellen wurden für eine geringe Summe in eine Art Erbpacht gegeben und konnten nicht gehandelt werden. Sie wurden entsprechend den damaligen Konstruktionsmitteln verhältnismäßig gleichmäßig bebaut, und zwar bestand dabei die Verpflichtung zum Bau innerhalb einer bestimmten Frist, denn nur unter dieser Bedingung wurde dem Bewerber eine Baustelle zur erblichen Nutzung überlassen«. Auch wenn es dem Einzelnen weh tut – wir müssen nach einer vergleichbaren Lösung wie der von Obereigentum und Untereigentum suchen. Nur dann kann es uns gelingen, Städte nach den wahren Bedürfnissen der sie Bewohnenden nicht nur zu planen, sondern auch zu bauen. Das setzt in der Tat eine gewaltige Sinnesänderung, eine so gewaltige, voraus, daß Stadtplanung zu einem Unternehmen geworden ist, von dem man nicht weiß, ob es diesseits oder jenseits der Grenzen liegt, an denen die Utopie beginnt. Seit Schumacher und Adenauer ihre Einsichten kundgetan haben, ist der Boden wieder einmal zu einem der glänzendsten Spekulationsobjekte geworden. Es wird eine geradezu heroische Bezähmung des Egoismus vorausgesetzt, wenn es zu einer Neuordnung der städtischen Grundbesitzverhältnisse kommen soll, nach der erst so etwas wie die Planung der Stadt ernstlich in Angriff genommen werden kann. Zur Herbeiführung dieses Sinneswandels bedarf es zuerst einmal eines Problembewußtseins in der Öffentlichkeit.

In den Planungsämtern sitzen zwar heute schon oft vorzügliche Männer mit den fortschrittlichsten Ideen; sie scheitern jedoch regelmäßig kläglich an den privaten Egoismen und Kurzsichtigkeiten. Freilich sind solche Eigenschaften, durch die eine sinnvolle Verteilung des städtischen Grundes und Bodens vereitelt, ja als anti-liberal verschrien wird, seit dem Erlöschen der stadtbürgerlichen Obligationen ganz einfach zu einer Selbstverständlichkeit geworden. Da das historische Gedächtnis so kurz ist, kann man unbesorgt als eine der Grundfesten der freien Gesellschaft ausgeben, daß das Privateigentum auch dort heilig ist, wo es die Lebensform dieser Gesellschaft ernstlich beeinträchtigt. Dabei waren in großen Zeiten städtischen Lebens die stadtbürgerlichen Obligationen eindeutig dem Eigennutzen vorgeordnet gewesen. Blicken wir noch einmal auf die Ausbrüche antisozialer Gesinnung unter Jugendlichen, so spricht, wie gesagt, viel für die Mitschuld der Stadt, der gegenüber sich statt einer libidinösen Bindung aggressive Enttäuschtheit entwickelt. Klar genug ist ferner, daß es sich bei den lautesten Empörungsausbrüchen gegen ungebärdige Jugendliche um ein »Haltet-den-Dieb-Geschrei« asozial schuldig gewordener Erwachsener handelt, um eine rasch ergriffene Chance, von der eigenen Schuldhaftigkeit ablenken zu können: und zwar von der Schuld, die darin liegt, daß die eigene stillschweigende egoistische Asozialität die stürmische, naive der Jüngeren recht eigentlich geschaffen hat. Gegen solche Projektionen sollte sich die Gesellschaft durch Denkarbeit schützen. Bisher hat aber noch niemand im Umgang mit diesem Problem eine Mutprobe abgelegt.

Wo Minoritäten wie die Jugendlichen zum Sündenbock gemacht werden, ist nach der eigenen Schuld zu suchen. Man spüre überall der Mischung von Brutalität und Hilflosigkeit nach, mit der gegen die natürlichen Lebensäußerungen der Kinder und Jugendlichen in den Städten vorgegangen wird, man entdecke, mit wie wenig Einfühlung ihnen an die Hand gegangen wird, wie Scheinheiligkeit noch immer Erwachsene von Jugendlichen trennt, wie wenig vorausschauend ihren Bedürfnissen entsprechend geplant wird – und man findet rasch die Motive der Entfremdung der Jüngeren von einer Umwelt, die ihnen die Älteren – Vorbilder, die sie sind – anbieten.

Unser gesellschaftsübliches Bewußtsein von der Kindheit des Menschen ist derart vorurteilsbelastet, derart verniedlicht, derart antiquiert, daß es nicht wunder nimmt, wenn für diese Welt nichts Vernünftiges geschieht. Aber, um es wiederzukäuen: wenn wir in dieser kindlichen Erlebniswelt nicht saturiert werden, treten wir nicht als für die soziale Umwelt empfängliche, empfindliche, sondern als sozial defekte, unempfindliche Wesen die Reise in die Welt der Erwachse-

nen an. Eine solche Entwicklung in ihrer Breite und in ihren
Determinanten zu erkennen und durch kluges Bereitstellen
von Voraussetzungen zu verhindern, innerhalb derer dann
eine Planung sich organisch entwickeln kann, das ist eine
Aufgabe, an der der Stadtplaner unmittelbar beteiligt ist;
jeder Bürger sollte es mittelbar sein. Wenn es nicht avant-
gardistischen Gruppen gelingt, Einsicht in diese Zusammenhänge zu erwecken, so daß jeder den Nutzen der Regionalplanung erkennt, ist unserer Gesellschaft eine schlechte
Prognose zu stellen – nicht mit moralischer, ethischer Begründung, sondern wegen der Verletzung der biologischen
Minimalvoraussetzungen, die nötig sind, um den Menschen
zu einem sozial aktiven Wesen werden zu lassen.

20

Die Bewegungsräume, die in unseren Städten den Jugendlichen bereitzustellen sind, haben eine vielfältige Funktion.
Im zweiten Lebensjahrzehnt hat der Mensch in unserer
Kultur entweder eine unphysiologisch verlängerte Schulzeit
durchzustehen, oder sich in oft ebenso unphysiologische
Arbeitsplätze (besonders in Büros und an den Fließbän-
dern) einzuleben. Die Kompensation durch Betätigung in
den verschiedenen Sportarten ist vital notwendig. Gelegenheit dazu sollte der Jugendliche während des ganzen Jahres
haben. Es ist aber auch notwendig, daß solche attraktiven
Sporteinrichtungen in ausreichender Größe und nahe den
Wohnquartieren gelegen sein müssen. Diese Treffpunkte
haben noch eine zweite, nicht minder wichtige Aufgabe zu
erfüllen: das Bekanntwerden der Jugendlichen untereinander. Damit wird eine altersentsprechende Möglichkeit

geboten, den community spirit von den Erfahrungen der Adoleszenz an aufzubauen. (Wir sind gezwungen, hier mit einem angelsächsischen Begriff zu arbeiten, obgleich unser Wort »Gemeinschaftsgeist« noch vor einigen Jahrzehnten gut gewesen wäre. Jetzt stellt es aber nur noch falsche Assoziationen her in der Richtung auf ideologische Erpressung, statt dieses Geflecht freundlicher Interessen zu bezeichnen, welches im Wort »community« vermittelt wird). Jugendfreundschaften können die haltbarsten sein. Es ist naheliegend, daß sie aus den Schulfreundschaften hervorgehen. Sie verknüpfen dann eine Gruppe von jungen Menschen mit einem Stadtwinkel. Je größer die Dimensionen, je anonymer die Wohn- und Arbeitsverhältnisse, desto dringlicher ist es, frühe Freundschaftsverhältnisse zu fördern, damit von ihnen aus sich später jenes weitere Bezugsnetz der Sozialkontakte herstellen kann, das bei den meisten Erwachsenen die lokalen Grenzen weit hinter sich läßt.

Es ist selten erwähnt worden, daß eine planerisch ermöglichte »Nachbarschaft«, gegen die sich – soweit es sich um Erwachsene handelt – gewiß viel einwenden läßt, für die Adoleszenz von unleugbarem Gewinn ist. In ihr wird nämlich das Angebot aufgegriffen. Ein Quartier, das über reichlich Orte verfügt, in denen community spirit sich entwickeln kann, bringt den Jugendlichen die Chance primärer Freundschaftsgründung, der Kontakte zu anderen Familien. Wenn auch der erwachsene mobile Städter seine Freunde später nicht nur in der Nachbarschaft sucht, sondern ein weites Streuungsfeld seiner Aktivität entwickelt, für den Jugendlichen, den jugendlichen Städter, ist es nicht anders als einst für den Bewohner engerer Biotope wichtig, daß er seine Schulfreundschaften möglichst kontinuierlich pflegen und weiterpflegen kann. In ihnen erlernt er doch überhaupt erst den *erweiterten sozialen Kontakt;* damit gewinnt bzw. behält Nachbarschaft auch unter sonst so veränderten Stadtverhältnissen durchaus ihren Sinn.

Viel muß versäumt worden sein, und nun schon durch Generationen, sonst könnte nicht die Kontaktscheu des Großstädters in seinem näheren Wohnbereich so zur Regel geworden sein. Man bekommt den Eindruck, daß er zu bestimmten Formen freundlicher und nicht bloß erzwungen lebloser Koexistenz nicht fähig ist, weil er solchen erweiterten Sozialkontakt schon in seiner Jugend nicht gelernt hat. Man versteht es nicht, zwischen schrankenlos zudringlicher Intimität und vollkommener Interesselosigkeit aneinander die mittlere Distanz zu finden. Da man nicht unbefangen nachbarliche Hilfe in Anspruch nehmen kann, wann immer es not tut, entfaltet sich aus der verkrampften Abwehrhaltung die Bereitschaft zu paranoiden Projektionen auf die übrigen Mitbewohner, als wären sie primär feindselige Wesen.

Zu allen Zeiten und in allen Städten haben übrigens Jugendliche aus dem gleichen Wohnquartier Banden gebildet und mit denen anderer Nachbarschaften Kämpfe ausgetragen. Dabei handelt es sich um natürliche Gesellungsvorgänge in der Protestphase der Pubertät. Erst bei Zielsetzungen wie denen der jugendlichen Gangs, die New Yorks Untergrundbahnen unsicher machen, hat der Unfug einen Destruktionsgrad angenommen, der ernsthaft gefährlich ist und prognostisch im Hinblick auf diese Zeichen der Verwahrlosung beunruhigen muß. Denn hier organisiert sich die nicht sozial integrierte und infantil bleibende bedenkenlose Aggressivität – ein Gradmesser also für schlechten community spirit.

Das Auftreten von Süchtigkeit, die mit diesen Bandenbildungen verknüpft ist und in immer früherem Lebensalter erscheint, ist in der Tat sehr alarmierend. Eine sachverständige Untersuchung über eine Welle von Rauschgiftsucht unter Jugendlichen New Yorks [13] hat sehr deutlich gemacht, daß es nicht ein »pathologisches, unwiderstehliches Verlangen« wie beim erwachsenen Süchtigen ist, das diese Jugendlichen trieb, sondern der Wunsch nach einer abenteuerlichen Erregung (»thrill«); dazu kommt das für den Jugendlichen charakteristische Imitationsbedürfnis, um sich seiner Altersgruppe anzupassen. Die Entartung zur Süchtigkeit ist gut geeignet, zu zeigen, daß das Bedürfnis nach abenteuerlicher, »kitzliger« Betätigung eine altersentsprechende Erscheinung ist. Der Heroingenuß wird ganz in diesem Sinn gesucht, bis sich dann der eigentliche Mechanismus der Süchtigkeit herstellt und es für den Jugendlichen unerläßlich wird, sein Selbstbewußtsein immer wieder durch den illegalen Zugang zum Suchtmittel wie durch dessen Genuß periodisch zu steigern. So entsteht schrittweise eine Subkultur jugendlichen Verbrechertums, dessen Wurzeln in der pubertären Unruhe liegen und die unter besseren städtischen Wohnbedingungen nicht diesen Grad von »tödlicher Unzufriedenheit mit der Umgebung« annähme.

Solange das Kind in einer wenig bevölkerten Welt aufwuchs, war Spielraum eine ungefragte Selbstverständlichkeit, und im nächsten Wald begann das Abenteuer. Die zweite Natur der technischen Binnenräume bringt neue Abenteuer, aber auch sehr tief in die Persönlichkeitsentwicklung eingreifende Versagungen. Auszutesten, wieweit diese Versagungen nicht vermieden werden können, wo sie vermieden werden müssen, gleichgültig mit welchem Aufwand, ist eine der wesentlichsten Planungsaufgaben, denen

13 Ernest Harms: *Drug Addiction Wave Among Adolescents. New York State Journal of Medicine*, Dezember 1962

wir uns gegenübersehen. Vorerst geht die merkantile Ausbeutung des städtischen Raumes zu Lasten der Jugend und des Alters.

21

Die Tendenz zum Zuzug in die großen Metropolen hält auf der ganzen Erde unvermindert an. Wer die Elendssiedlungen von Rio de Janeiro und sogar von Washington gesehen hat, ist sich darüber klar, daß die Stadt nach wie vor kein rational gesuchtes Gebilde ist, sondern daß in ihr eine Menge zum Scheitern verurteilter irrationaler Hoffnungen zusammenfließen. Weil an sie Hoffnungen geknüpft sind, ist die Hoffnung, die man für sie hegen kann, vielleicht selbst nicht nur der Ausdruck ungeprüfter Erlösungsphantasien. Denn es präsentiert sich uns doch der paradoxe Tatbestand, daß in dieser Verfassung der Städte Planung nicht nur deshalb nötig ist, weil ein technisches Chaos vermieden werden muß, sondern um die Selbstdestruktion des Stadtmenschen aufzuhalten. Denn er ist inzwischen fast die letzte Spezies der primären Natur geworden, die sich in den von ihm selbst geschaffenen technisch-industriellen Stadtregionen zu halten vermochte. Wenn wir an die Kernreaktoren denken, so finden wir hier bereits einen technischen Binnenraum, aus dem auch der Mensch vertrieben ist.

Ein hartes Training wird von uns verlangt. Wir müssen uns immer wieder dazu zwingen, uns angesichts der eintönigen, formlosen, jedes kulturellen Gestaltungswillens, jeder Baugesinnung baren Großsiedlungen, die sich allerorts ins Land fressen, zu sagen: das und nichts anderes ist die Stadt deiner Zeit. Nur dadurch können wir schließlich unsere Empfindsamkeit dafür schärfen, was menschenwürdig und was pathologisch an dieser Entwicklung unserer Städte ist. Dann läßt man sich nach einer solchen Schulung auch nicht so leicht einreden, der Zustand, der uns so zur Aufsässigkeit gegen alle ablenkenden Beruhigungsversuche herausfordert, sei gar nicht gefährlich; er werde nur von den ewig Unzufriedenen als gefahrvoll hingestellt. Das könne er schon deshalb nicht sein, weil es gar keine Möglichkeit gebe, ihn zu ändern. Alarm sei zwecklos. Ist das so?

In der Tat können wir nur höchst grob abschätzen, welche Reaktionen die unbewußt bleibenden Einflüsse unüberschaubarer, formloser Gebäudeansammlungen auf die Stimmungen und Verstimmungen der Menschen ausüben, die hier wohnen, hier lieben, sich fortzeugen und hier sterben. Eine Vermutung, durch viele Einzelbeobachtungen erhärtet, ist freilich nicht von der Hand zu weisen. Lösen sich die alten, gestalthaften Städte immer weiter in wuchernde Vorstädte auf, und entmischen sie sich gleichzeitig in ihren Grundfunktionen immer weiter, dann können natürlich die einzelnen Areale nur mehr Partialbefriedigung verleihen. Wenn Produktions-, Verwaltungs-, Vergnügungs- und Wohnbereiche regional streng getrennt sind, was hält dann das Leben einer Stadt noch zusammen? Dann werden hier und dort verstreut Teilwünsche befriedigt, die aber nicht mehr auf ein Ganzes bezogen, und der Erfahrung eines Ganzen integriert werden können. Es stellt sich dann ein Zustand permanenter Gereiztheit her, der nicht mehr mit einer Gestalt – der mütterlichen Stadt –, sondern mit gestaltlosen, erregenden oder beruhigenden Erfahrungen im Zusammenhang erlebt wird. Der Vergleich mit sehr frühen Entwicklungsphasen unseres Lebens läßt sich kaum abweisen, und es ist nicht nur ein Vergleich; es könnte sein, daß die affektive Erlebnissphäre, mit der wir es nun bei Millionen von Menschen zu tun haben, auch im Zustand der Erwachsenheit ebenso undifferenziert, so unartikuliert, so vage wie die eines Kleinkindes bleibt, das an der Brust der Mutter liegend warme Nahrung erfährt, die Mutter selbst als Person aber noch gar nicht erkannt hat. Viele Gratifikationen, die aus unseren technischen Einrichtungen von der Wasserversorgung und Wärmeversorgung bis zur Rentenzahlung herrühren, viele Dienste des städtischen Lebens werden mit der gleichen Achtlosigkeit als abrufbare Funktionen gebraucht, ohne daß überhaupt noch der Gedanke daran auftaucht, welche Voraussetzungen diese Funktionen erst möglich machen. Die Milchzufuhr wie die Versorgung an der Tankstelle mit Treibstoff oder das Erscheinen der morgendlichen Zeitung wird als selbstverständlich funktionierend vorausgesetzt und aufs drastischste verlangt, als handele es sich bei alledem um biologisch gesicherte Bereitstellungen wie die Muttermilch für das Neugeborene.

Die emotionale Beziehung zur klassischen Stadt war demgegenüber ohne Zweifel höher organisiert; schon deshalb, weil eine Fülle von Produkten in ihr vor den Augen aller hergestellt wurde, weil ihr Verwaltungszusammenhang nahezu mit den Grenzen der sinnlichen Wahrnehmung übereinstimmte.

So können wir noch einmal ein anderes Paradoxon wahrnehmen; auf der einen Seite kann dieser hoch komplexe, von der Technik beherrschte Siedlungsraum der Metropolen ohne unsere entwickelte Technologie überhaupt nicht funktionieren. Diese technologische Perfektion selbst – unverständlich in ihren Methoden und Zusammenhängen – erweckt in den Individuen eine höchst anspruchsvolle Haltung. Sie setzen schlechthin voraus, daß alles, woran sie gewöhnt

sind, für immer zu ihren Diensten sein wird. So entsteht
eine Forderungshaltung, die auf kein leibhaftiges gestalt-
haftes Gegenüber oder Objekt mehr bezogen ist. Die Ge-
staltlosigkeit der Städte hinterläßt also im unbewußten
Seelenbereich ihrer Bewohner ein primitives, archaisches
Urbild einer unerschöpflichen magna mater; und die Werbe-
industrie tut alles, um den Konsumenten bei Stimmung,
nämlich im Erlebnis kategorischer, auf rasche Befriedigung
drängender innerer Bedürfnislage zu halten.

22

Unter diesen Umständen wird man nicht erstaunt sein, daß
die Soziologen immer wieder auf den »Verfall der kom-
munalen Öffentlichkeit« gestoßen sind[14]. Der Sachverhalt
ist nicht zu bezweifeln. Es ist auch klar, warum er unter
den gegebenen Umständen und in diesem Ausmaß unvermeidlich war und ist. Er steht in engem Zusammenhang mit
unserer ungekonnten Planung. Nämlich unserem Versuch,
der historisch relativ neuen Situation sowohl im Sinne der
Bevölkerungszunahme mit Ballungstendenz wie der technischen Entwicklungen, die erst die Lebensvoraussetzungen
für die große Zahl schaffen, mit recht groben, ungelenken
administrativen Maßnahmen Herr zu werden. Die Motive,
die die Menschen dazu bringen, sich zusammenzuballen und
alle Widrigkeiten der Großsiedlungen auf sich zu nehmen,
soll der Stadtplaner nachträglich und ohne zureichende
Unterstützung in Form und Räson bringen. Wie lange der
Bevölkerungsdruck, der Druck aus den irrationalen Quellen

14 z. B. Hans Paul Bahrdt: *Die moderne Großstadt.* rowohlts deutsche
enzyklopädie, Bd. 127, S. 90

anhalten wird, ist ungewiß. Doch fangen die Fakten langsam an, in unserem Bewußtsein jenen Grad von Deutlichkeit zu erlangen, der es uns möglich macht, mit ihnen kritisch umzugehen.

Inmitten der schlechten Provisorien für die Beheimatung von Menschenmassen, die erst in diesen Provisorien so recht zur Masse werden, haben wir aber immerhin die Einsicht in zwei Ebenen der menschlichen Existenz klarer zu gewinnen gelernt: der Mensch ist intellektuell mobil, überaus anpassungsfähig – für seine ausgewogene Entwicklung bedarf er aber einer Verwurzelung in konstanten emotionalen Beziehungen während einer langen Reifungszeit. In dieser Phase seines Lebens, die heute weit in das dritte Dezennium hineinzureichen beginnt, muß er die Fähigkeit erlangt haben, neue stabile Sozialkontakte herzustellen. Wenn wir die Zahl der scheiternden Intimbeziehungen, sei es Ehe, sei es Freundschaft, von der Statistik uns vorhalten lassen, sehen wir sofort, daß unsere Kultur hier nur mit sehr großen Verlusten, mit einem gewaltigen Tribut an menschlichem Leid, in Gang gehalten wird.

Erst wenn das Individuum eine Sphäre relativer Bekanntheit mit allen ihren *ambivalenten* Spannungen der Nähe erlebt hat, kann es daran gehen, sich in seiner Welt als ein Einzelner, als ein zu respektierendes Individuum abzugrenzen; ohne dabei den sozialen Kontakt zu den weiteren Ebenen der Gesellschaft zu verlieren. Diesen stets betretbaren Raum des Heimatlichen lernen offenbar immer weniger Menschen kennen, so daß die unvermeidbare ambivalente Spannung, die sich in allen näheren Beziehungen herstellen muß, für sie zu einem ungeschlichteten Problem wird, ein ungeschlichtetes Problem der Kindheit bleibt. Es kann dann auch nicht erstaunen, wenn dieses Individuum später selbst in der Rolle dessen, der Schutz gewähren soll, versagt, weil es enttäuscht sich auf die Befriedigung primitiver Eigensucht eingelebt hat und von diesem Reaktionsmuster nicht mehr abgebracht werden kann.

Fassen wir also noch einmal zusammen. Die Stadt muß diese zwei Erfahrungen erlauben: daß sie zur Gemeinschaft zwingende und zugleich individuelle Freiheit spendende und garantierende Umwelt ist. Unsere Aufgabe kann nur sein, dieser möglichen Freiheit Spielraum zu geben. Leider ist das Entgegengesetzte, die Störung dieses Prozesses, weitaus leichter, denn man kann sehr viel tun, um Freiheit zu verhindern. Darin war die menschliche Gesellschaft bisher offenbar bewußt oder unbewußt sehr viel begabter, daran scheint sie sehr viel interessierter gewesen zu sein. Wenn man also das Glück nicht planen kann, so kann man immerhin sehenden Auges Unglück verringern. Angesichts der Unwirtlichkeit unserer Städte kein unbedeutendes Unternehmen.

Schließlich ist einem Denkfehler der pessimistischen Kulturkritik zu widersprechen. Die »Vermassung« ist, wie wir schon andeuteten, kein zwangsläufiger Vorgang, sie ist nicht deshalb unvermeidlich, weil die absolute Zahl der Lebenden steigt. Nach seiner Anlage als Artwesen bleibt der Mensch so individuationsfähig wie eh und je. Aber das Dasein, das die sich vermehrenden Millionen heute in den Ballungsräumen führen müssen, absorbiert unnötig Kräfte – man denke nur an den täglichen Verkehr –, nivelliert und läßt viele Anlagen unentwickelt. In modifizierter Form hat das aber *jede* der Kulturen getan, die wir kennen. Jedes Gruppendasein zwängt auch ein und macht unfrei. Die entscheidende Frage ist nur, was das Gruppendasein für diese Beschränkungen und Enttäuschungen dem Individuum zurückgibt, so daß es sich doch mit Selbstgefühl zu einer bestimmten Gruppe zugehörig fühlen kann, etwa als Bürger seiner Heimatstadt. Dieses Geben und Nehmen zwischen Gruppe und Individuum muß durch die Konsequenzen der naturwissenschaftlich-technischen Revolutionen in Unordnung geraten sein. Dies ist einer der Gründe, warum heute der Verkehrsplaner, der Architekt und alle die anderen Techniker *allein* das Problem einer Stadtplanung nicht mehr bewältigen können und die bereits tief in unserer Gesellschaftsstruktur sich abzeichnende pathologische Entwicklung nicht aufzufangen vermögen. Es geht um die Erkenntnis der *inneren Verfassung,* in der die heute lebenden Menschen – auch infolge der Verfassung ihrer Städte – sich befinden. Es geht um den Versuch, diesem an seiner Umwelt so enttäuschten und nicht zuletzt auch deshalb so flüchtigen, so »mobilitätssüchtigen« Städter wieder ein Milieu zu schaffen, in dem er konstant Fuß zu fassen, dauerhafte Beziehungen zu Menschen und zu Dingen, zum Beispiel zu seinem Haus – auch wenn es ein Hochhaus sein sollte –, herzustellen vermag. Das Bereitstellen des Komforts bringt noch keinen community spirit, noch keinen Stadtgeist hervor; man muß die Menschen kennen, die es zu behausen gilt – wie sie gerade in unseren Städten geworden sind –, um aus dieser Kenntnis die Winke abzuleiten, derer man bedarf, um nicht an ihnen vorbei irgendwelchen Phantasien nachzuhängen, die, verwirklicht man sie, von den Bewohnern nicht mehr »angenommen« werden. So sind manche Gemeinschaftshoffnungen reiner Architekturplanung gestrandet. Deshalb die Folgerung, daß nur ein Team die Planungsarbeit leisten kann. Der gesunde Menschenverstand ist eine Fiktion, jedenfalls reicht er nicht aus, um die Fragen der Gestaltung des technisch-artifiziellen menschlichen Biotops zu lösen. Dazu bedarf es nicht nur der Menschenkenntnis, sondern auch der Menschenkunde.

Der Eindruck drängt sich auf, daß unsere Existenzplanung, die sich so gerne auf ihre Rationalität beruft, den unbeabsichtigten und unbewußt verlaufenden Kettenreaktionen nachhinkt, die eben von dieser Ratio in Gang gesetzt und dann wegen des Mangels an Menschenkunde aus der Kontrolle verloren wurden. Die »Umstände«, etwa die ungeheure Vermehrung der Automobilproduktion, seit dieses Fahrzeug Status-Symbol und Nutzfahrzeug in einem geworden ist, haben sich längst den rationalen Planungen gegenüber einen beträchtlichen Vorsprung errungen. Wir können dieses Schwergewicht der sich selbst produzierenden Fakten nur durch eine Steigerung unserer Bewußtseinskräfte, das heißt durch Erweiterung unserer Einsicht in Wirkungszusammenhänge, balancieren. Zunächst muß sich das darin niederschlagen, daß wir uns mehr um die komplex vermittelte Wirklichkeit des menschlichen Lebens kümmern und von dort her mit Hartnäckigkeit unsere Forderungen, es lebenswert zu gestalten, wiederholen. Wer das eingesehen hat, wird wahrscheinlich darin vorangehen müssen, sich selbst Grenzen zu setzen.

Konfession zur Nahwelt
Was macht eine Wohnung zur Heimat?

Ein ziemlich düsterer Korridor, der zu einem Glasabschluß hinführte, ist der erste Einfall zum Stichwort »heimatliche Wohnung«. Auf dem blankgebohnerten Linoleum ließ es sich auf wollenen Strümpfen so herrlich wie auf einer Eisbahn rutschen – was der Strümpfe wegen verboten war und wiederum den Genuß aufs kitzligste erhöhte, wenn man im Schuß an der Küche oder am Herrenzimmer vorbeiglitt, aus denen rechts die Mama, links der Papa hervortreten und einen angesichts der strafbaren Handlung am Kragen erwischen konnten. Das Herrenzimmer, Ort oft peinlicher Befragungen, war gemessen am eigenen Zimmer und am Korridor schon halbes Ausland. Der Salon, selten geöffnet, eine weit entfernte Welt der Erwachsenen. Auf einem empfindlichen rosavioletten Teppich mußte man, bei erlaubtem Zutritt, im Gegensatz zum Korridor sogar in Strümpfen wandeln. In diesem Korridor stand außerdem, kurz bevor er einen Knick ins absolut Dunkle machte, ein Ungetüm von Schrank. Er war stilistisch verwandt mit jenen burgartigen Häusern, die in Universitätsstädten heute wieder ihrer ursprünglichen Bestimmung dienen, Korpsstudenten zu beherbergen (wer weiß, vielleicht zu beheimaten). Er muß, betrachte ich ihn, der mir heute noch so vor Augen steht, als wäre ich gerade aus ihm hervorgekrochen, ein abscheulicher Koloß gewesen sein. Was tat es? Wir hatten die Aufgabe, seine knarrenden Türen lautlos zu öffnen, um hinter eingemotteten Plumeaus zu verschwinden, und es war der Spannung höchster Genuß, wenn die suchenden Hände im Halbdunkel sich zu uns herantasteten.

Genug der Impressionen, unentbehrliches Hilfsmittel, wo es um Empfindungen geht; Heimat ist gewiß kein objektiver Tatbestand. Vielmehr läßt mich eine Fülle von Empfindungen mit einem Ort, einer Landschaft heimatlich verbunden sein, weil ich in ihr und vornehmlich in meiner Wohnung mitmenschliche Erfahrungen gemacht habe, die mein Leben bestimmt – und waren es gute Erfahrungen oder wenigstens überwiegend befriedigende –, es glückhaft bestimmt haben.

So wird es nicht gelingen, auch nur entfernt alle die Umstände und Gefühle zu bezeichnen, die für eine Steigerung des bloßen Hausens, Wohnens, Schlafens, Essens zum genußvoll heimatlichen Wohnen unerläßlich sind. Wir können deshalb nur von einigen Hauptkomponenten sprechen, und es wird viel gewonnen sein, wenn wir sie in eine Rangordnung bringen. Die Auffassung, die ich auf die Frage, was eine Wohnung zur Heimat macht, vorschlage, läuft darauf hinaus, daß es nicht schöne Möbel, nicht weiche Teppiche, nicht große Zimmer, nicht helle Fenster, nicht Lage und Kunst des Architekten in erster Linie sind, die darüber entscheiden, denn ich habe das alles schon in idealer Kombination gesehen, ohne mich davon überzeugen zu können, dieses Haus oder diese Wohnung seien für irgend jemanden zur Heimat geworden. Vielmehr vollbringen diese Steigerung nach meiner Ansicht die menschlichen Beziehungen, die an einen Ort geknüpft sind.

Wenn wir das Wort »Heimat« in unserer Frage betrachten, so hat es ohne Zweifel eine positive Tönung. Sie sei nicht bestritten. Aber wir müssen uns doch immer wieder in Erinnerung rufen, daß alle Gefühlsgestalten, wie eben Heimat, oder Mutter, in höchstem Maße ambivalenter Natur sind. Stellen wir die Frage, was eine Wohnung zur Heimat macht, so denken wir, weil wir einem Bedürfnis unseres Sentiments unterliegen, zuerst an den positiven Gehalt des Wortes. Es deutet aber niemals eindeutig Positives an, sondern im besten Fall dessen Überwiegen. Das Beengende, das Fesselnde, formlos Grobe, geheim Quälsüchtige steckt – wie immer gemischt – auch in den Falten der Erinnerung, wo das Wort »Heimat« nicht mit Verein oder Kunst oder ähnlichem verbunden auftritt, sondern in erster Linie den Herkunftsort bezeichnet. An ihn knüpfen sich alle jene zwiespältigen Erinnerungen, die der eine sich sehnsuchtsvoll zurückwünscht, an die der andere aber vielleicht gar nicht erinnert werden mag. Er hat, was einmal Heimat war, endgültig verlassen müssen. Und doch, so wünscht man sich, sollen die Gefühlsbeziehungen ihre Konstanz in den positiven Gefühlen haben. Dann werden wir uns gerne erinnern; zudem verlieren wir dann unsere Fähigkeit, uns beheimaten zu können, im Laufe unseres Lebens nicht zu früh. Wir lernen es dann auch, unsere Zelte anderswo aufschlagen zu können. Wer nie die Grunderfahrung einer Umwelt hatte, in der er sich aufgehoben fühlte, entwickelt diese Fähigkeit, Erfreuliches zu entdecken, kleine Freundschaften zu entwickeln, kurz, diese Leichtigkeit im Umgang später nur mit Schwierigkeiten. Denn um sich beheimaten zu können, bedarf es doch einer Verzahnung mit der menschlichen Umwelt insbesondere; ich will mich niederlassen und die anderen müssen mir den Platz dazu mit freundlichen Gefühlen abtreten.

Es ließe sich die Definition wagen, daß eine Wohnung durch diese Verzahnung mit der Mitwelt zur wirklichen Heimat wird und es bleibt, solange es nicht nur Gewohnheiten sind, die mich in sie zurückführen, sondern die lebendige Unabgeschlossenheit mitmenschlicher Beziehungen, die Fortsetzung des gemeinsamen Erfahrens, Lernens, mit anderen Worten: eine noch offene Anteilnahme am Leben. Wo ich diese Mitmenschlichkeit finde, teilt sie sich dem Ort und seinen Gegenständen mit, entsteht so etwas wie eine gemütliche Atmosphäre.

Natürlich bin ich sehr in Gefahr, als kleinbürgerlicher Banause mit kurzem, trockenem Ton von einem aktivistischen Mitglied dieses in seinen Liebeshoffnungen so oft enttäuschten und darum sich kaltschnäuzig gebenden, von Zonen der Ungemütlichkeit übersäten Zeitalters attackiert zu werden, wenn ich dieses vulgäre Reizwort »gemütlich« auch nur ausspreche. Die Exzesse der organisierten Gemütlichkeit, diese urdeutschen Seelenwallungen, sollen auch gar nicht verteidigt werden. Dem Psychologen fiele es zudem nicht sonderlich schwer, die von Gemüt durchwirkte Gestaltung der Umwelt als Anzeichen eines guten affektiven Rapports im sozialen Feld zu bezeichnen und auf das Wort »Gemütlichkeit« überhaupt zu verzichten. Es soll daraus kein Streit zwischen nationalen Belangen und wissenschaftlicher Universalsprache werden. Diese sprechen wir ohnehin den ganzen Tag; die Gefahr ist unverkennbar, daß dabei lokal gelungene Errungenschaften des Daseins, Aspekte des Glücks, verloren gehen, weil das Vokabular uns gar nicht mehr an ihre Existenz erinnert. Jedenfalls wird unsere Sprache darum beneidet, daß sie das Wort »gemütlich« erfunden hat.

Unzweifelhaft gibt es gemütliche Wohnweisen überall in der Welt, wo die Gunst der Umstände einen kleinen Lebensspielraum oberhalb der Fristung des kulturellen Existenzminimums gelassen hat. Die Requisiten dieser Gemütlichkeit freilich sind ganz verschieden. Man kann nicht sagen, was immer sonst an arbeitsersparenden Vorzügen unsere Nachkriegswohnungen haben mögen, daß sie in puncto Raum dieses Existenzminimum überschritten. Klammern wir die nach dem Kriege in zügiger Aufwärtsbewegung wirtschaftlich Wiedergenesenen aus – viele der neuen Villenbesitzer also –, nehmen wir den Mittelbürger (aus Arbeiter- und Angestelltenstand, aus Handwerk und viele Akademiker), also gerade die, welche den traditionellen deutschen Anspruch auf Gemütlichkeit haben, so finden wir sie in arg bedrängten Verhältnissen.

Eine Epoche erweist sich an jedem beliebigen Querschnitt, den man durch sie legen mag, als nicht einzeitig, sondern als *vielzeitig*. Die Raketen, die gebaut werden, sind Vorläufer eines historischen Morgen; die Autos und Rasierapparate, der Supermarkt sind von heute; die Eigentumsdiktatur auf dem Wohnungsmarkt ist tiefstes Vorgestern, in seinen kapitalistischen Wonneträumen ungestörtes 19. Jahrhundert. Was hier gebaut und vermietet wird, und zu welchen Preisen, und mit welcher Lieblosigkeit, das spiegelt in groteskem Trauerspiel die Störung im Verhältnis von Angebot und Nachfrage. Die Überzeugung, daß dieses Regulationsprinzip der Ökonomie eine Einsicht nahe den göttlichen Geboten darstelle, zeigt sich auch dann noch unerschüttert, wenn der werktätige Teil der Nation so miserabel behaust ist, daß die Gemütlichkeit längst aufgehört hat, und die Wohnungen, die man auf dem Markt offeriert, nur deshalb mit Heimat verwechselt werden können, weil der Mensch schließlich einen Platz braucht, um einige seiner dringendsten Vital- und Triebbedürfnisse zu befriedigen; er besiegt auch noch sehr menschenfeindliche Umwelten. Dabei tut sich, wie G. Meyer-Ehlers [1] treffend bemerkt hat, der nach traditionellen Wohngewohnheiten und nach einem individuellen Stil

---

1 G. Meyer-Ehlers (et. al.): *Wohnerfahrungen*. Wiesbaden-Berlin (Bauverlag GmbH) 1963, z. B. S. 150 ff.

suchende Mieter besonders schwer. Das »konformistische Wohnverhalten (wird) von einer ständigen Anpassung an die Umwelt geprägt«; man paßt sich dabei auch dem monotonen Wohnsilo an. Aber diesen Konformisten, der die Einrichtung wie die Meinung, die er gerade hat, in erster Linie als Ausdrucksmittel seiner Angepaßtheit, seines Sozialstatus betrachtet, haben wir in Verdacht, in seiner Beziehungsfähigkeit zu Dingen und Menschen ziemlich beschränkt zu sein; er ist möglicherweise jemand, dessen Sicherheits- und Bekanntheitsbedürfnisse ganz anders vermittelt werden – etwa durch Angleichung an Konsumstandards – als bei einem Menschen, der mit *seinen* Dingen, seinen von ihm entdeckten Besitztümern, es können wenige sein, sich einrichtet, ansässig wird, sein Territorium gestaltet. Dieser Mensch ordnet den allgemein üblichen Stil seinem persönlichen Bedürfnis und Ausdruckswunsch unter, was wiederum das Ausdrucks*vermögen* schult.

Was macht die Wohnung zur Heimat? Aus der Frage ist also herauszuholen, daß der Zynismus billig ist, Heimat sei all das, woran man sich gewöhnt habe. Wenn wir sagten, es sei bei aller Ambivalenz die glücklichere Stufe des Daseins, wenn ich mit Heimat mehr angenehme als enttäuschte Empfindungen verbinde, so sehen wir uns heute einer Situation gegenüber, die uns in arge Verlegenheit setzt. Es geht ganz einfach um die Frage, ob aus dem Wort »Heimat« auf dem Weg zu einer völlig neuen Sozialstruktur ein Leerwort, ein Wort ohne Erfahrungsgehalt wird. Das hätte zur Folge, daß sich ein neuer Typus Mensch entwickeln würde, dem genau das fehlt, was wir psychologisch als ein Reifungsmerkmal ansehen, nämlich die konstanten Objektbeziehungen, die dauerhaften Beziehungen zu Menschen und Dingen. Diese geben seiner Umwelt erst Konstanz und rückläufig auch dem Menschen selbst. Gute Objektbeziehungen verstärken demnach auch meine Identität; das heißt, mein Gefühl, mir selbst gegenüber kein Fremder, sondern ein Mit-mir-bekannt-Gewordener zu sein. Der Stil des von außen, vom gegenwärtigen Verhaltens- und Konsumstil wehrlos Abhängigen – wie David Riesman diesen Habitus beschrieben hat – ist ein Stil oberflächlicher Objektbeziehungen, einer flachen Identität. Deshalb hinterlassen Erfahrungen im Umgang mit Menschen und Dingen, rasch auswechselbar wie sie sind, nur flüchtige Spuren. Es entwickelt sich statt der Identität die *Momentpersönlichkeit*.

Vielleicht müßte das alles nicht so sein, wenn wir ein geschärftes Bewußtsein dafür entwickeln würden, auf welche Weise wir den jeweilig herrschenden Typus, den »Mittelbürger«, den Angestellten, wenn ich an unsere Epoche denke, hervorbringen.

Es gibt noch eine Möglichkeit, wie man anschaulich machen kann, daß es zur Beheimatung in erster Linie auf befriedigende zwischenmenschliche Beziehungen ankommt. Ich muß dazu nur auf eine, wie mir scheint, unendlich häufige pathologische Form des Wohnens hinweisen. Sie ist spezifisch zentraleuropäisch, national-pathologisch, dort aber so verbreitet, daß jedermann weiß, worum es sich handelt, wenn ich sie »Wohn-Fetischismus« nenne. Es sind all die Fälle, in denen anstelle geglückter Beziehungen von Person zu Person in der Familiengemeinschaft Dinge getreten sind; alle die leblos geputzten Zimmer mit den aufgereihten Kissen auf der Sitzbank, an der Oberkante eingedrückt, was der unvergessene Ernst Penzoldt den exakten Nackenschlag genannt hat. Hier findet das große Geschrei statt, wenn ein Kratzer entdeckt wird und eine Dutzendvase einen Sprung aufweist. Es ist eine Fama, zu glauben, daß dieser Fetischismus, dieser unglückliche Versuch, aus Sauberkeit und Ordnung Glück zu gewinnen, ein Privileg der Frauen sei. Nach meinen Beobachtungen ist die Emanzipation durchaus soweit rückläufig, daß ebenso viele Männer dieser Perversion verfallen sind. Das Wort Perversion, das möchte ich ausdrücklich betonen, ist hier nicht als Metapher oder sonstwie leichthin verwendet. Es stellt vielmehr eine Diagnose dar. Perversionen von der Art des Fetischismus treten überall dort auf, wo die Affektbeziehungen zwischen Menschen sehr früh und tief gestört wurden, wo anstelle eines geliebten lebendigen Menschen ein Attribut, eben der Fetisch tritt. Es hieße die Augen vor der unangenehmen Wirklichkeit schließen, wollte man nicht zugestehen, daß die blitzende Sauberkeit bei uns nur allzu oft in Tyrannei umschlägt. Als mir Londoner Freunde ihr soeben erworbenes Haus zeigten und wir drei oder vier Stockwerke geklettert waren, überschlug ich schnell, daß der Haushalt aus vier Personen bestand. Deutsche mittelbürgerliche Verhältnisse gewohnt, kam mir das Haus viel zu groß vor. Ich fragte vorsichtig: »Ist es nicht viel Arbeit, das alles sauber zu halten?« – »Sauber?« sagte mein Hausherr, öffnete eine neue Tür, ich sah, wie gerade noch ein Koffer, der neben anderen mitten in einem leeren Zimmer stand, sich scheinbar selbsttätig schloß; »Sauberkeit«, meinte er, »das ist ein skandinavischer Aberglaube«. Ehe ich zu versichern vermochte, daß dieser Dämonenbefall mindestens bis in die alemannisch besiedelten Alpen hinein als eine Art Volksseuche festzustellen sei, öffneten sich die Koffer, und mit Geschrei stürzten die als Gespenster verkleideten Kinder des Hauses und deren Freunde aus ihnen hervor.

Ich spreche vom Wohn-Fetischismus in einem leicht karikierenden Ton, um den Leser nicht allzu sehr zu verletzen. Er kann sich dann immer noch andere, die es noch schlimmer treiben, vorstellen. Die Sache selbst ist jedoch arg. Hier liegt die Tragödie manches deutschen Kindes begründet, das zu Hause nie eine Heimat finden konnte, und dazu noch den Preis zu bezahlen hatte, selbst in diesen Wohn-Fetischismus, selbst in die Perversion der Ordnungssucht gedrängt zu werden, statt eine lässigere, freundlichere Umgangsform mit Erwachsenen pflegen zu dürfen, wo immer seine und deren Wege nicht unbedingt reibungslos sich kreuzen. Wohin aber sollte es eigentlich ausweichen? Denn das Spielzimmer, eine Rumpelkammer, der staubige Dachboden mit den gurrenden Tauben – das ist längst Legende bei monatlichen Mietpreisen pro Quadratmeter von 5 Mark aufwärts. Wohin soll es? Da gibt es kein altes Bett, das irgendwo vergessen herumsteht und das man insgeheim zu Tode hüpfen kann, kein Fleckchen, auf dem Spielzeug einmal über Nacht und, wenn nötig, über eine Woche unaufgeräumt liegen bleiben kann, ohne daß es irgend jemand im Wege ist. Wohin soll dieses Kind? Auf die Straße? In den sorgfältig abgegrenzten und gepflegten Gärten kann es doch auch nicht spielen; was im Hause fetischistisch behütet wird, wird natürlich auch vor und hinter dem Haus praktiziert. Ist es da eigentlich verwunderlich, wenn neulich ein ehemaliger SS-Jurist uns von dem Konzentrationslager, in dem er tätig war, das Bild von glattgeharkten Gartenwegen mit Blumenrabatten entwarf? Ich bin überzeugt, daß er nicht gelogen hat und daß man aus eigener Kindheitsdressur sich dem Gedeihen sauber sortierter Blumen in Auschwitz oder Treblinka mit aufrichtiger Affektion widmete.

Wir können jetzt der Antwort auf die Frage nicht länger ausweichen, was eigentlich die Entfaltung menschlicher Freundlichkeit im engen Kreis der Familie fördert oder nachdrücklich hindert. Die Vorbehandlung, die wir alle erfahren haben, die erzieherische Formung, der Affekthabitus in der eigenen Kindheit kann wie selbstverständlich eine glückliche Beheimatung oder ebenso selbstverständlich und definitiv ein höchst ungemütliches Daheim erzeugen. Ein Fetischist, das wissen wir, ist schwer dazu zu bringen, seinen Fetisch wieder gegen ein lebendiges Liebesobjekt einzutauschen. Er schafft von neuem, was ihm in der Kindheit aus der Identifizierung mit den erwachsenen Leitfiguren erstrebenswert schien: er erzieht einen neuen Fetischisten. Rutschte ein solcher Wohn-Fetischist plötzlich in eine um zwei Nummern zu große Wohnung, er arbeitete sich eher zum Nervenwrack, als daß er die Hälfte des Raumes ungeniert abseits ließe, bis er ihn tatsächlich braucht.

Erzieherische Tradition kann, wie wir sehen, als Gift gegen Gemütlichkeit, Lässigkeit wirken und keine Kraft für Heiterkeit übrig lassen; für eine Wohnlichkeit, die dadurch entsteht, daß die Dinge Spuren des Gebrauches, des Dienstes, den sie tun, aufweisen und daß das im Stil des Hausens gestattet ist, ohne daß man im Fettfleck an der Wand und in der lädierten Tasse unter Gästen eine Prestigeeinbuße zu befürchten hätte, oder darin selbst eine Minderung des Status mittelbürgerlicher Perfektion erblickte.

Zunehmend wird aber deutlich, daß diese Engigkeit, diese Rigidität, diese Penibilität dem Meublement gegenüber – man kann sich zur Beschreibung dieser Haltung gar nicht geschraubt genug ausdrücken – eine ihrer aktivsten Motivationen in diesem engen Eingeklemmtsein hat – erst war es räumlicher, schließlich wurde es seelischer Natur –, und zwar deshalb, weil das kindliche Autonomiestreben frühzeitig in der räumlichen Enge dem aus rationalen und irrationalen Elementen gemischten Ordnungszwang zum Opfer gefallen ist.

Da sind wir wieder beim überflüssigen Raum, der eben Architekten hierzulande ein Greuel und uns unerschwinglich geworden ist. Bevor wir diese unersetzliche Voraussetzung für gemütliches Wohnen betrachten, nur – weil es so tief gegen die deutschen Tabus, gegen die Ehre der deutschen Hausfrau, verstößt – noch einmal die Feststellung: Wohn-Fetischismus, übertriebene Haushaltspflege schafft Ungemütlichkeit, ist eine zu unser aller Unglück in eine Tugend umgedeutete Krankheit: die Krankheit nämlich, mit menschlichen Kontakten nicht ins klare zu kommen und statt dessen reine Böden zu schaffen.

Unsere Betrachtungsweise, das wird deutlich geworden sein, ist nicht die des Fachmanns im Sinne des regionalen Stadtplaners, des Architekten oder »Heimgestalters«; sie versucht vielmehr, am Beispiel des Wohnverhaltens ein Stück menschlicher Naturkunde zu geben und zu untersuchen, welche Einflüsse dieses Verhalten bestimmen. Wir sehen in der Wohnung die *biologische* Schutz- wie die *sozio-kulturelle* Ausdrucksfunktion. Im menschlichen Eigenterritorium sind beide nicht voneinander zu trennen. Wenn wir nun also einem zureichenden Wohnraum für die Beheimatung eine fast ebenso große Bedeutung beimessen wie dem affektiven Gruppenklima, das eben von der Bedrängnis unter den heute gegebenen Umständen nicht unerheblich beeinflußt wird, dann ist es vielleicht nicht ungeschickt, diese Raumfragen anhand eines Gegenargumentes weiter zu verfolgen.

Es würde etwa folgendermaßen lauten: Sie behaupten, daß eine überaggressive Charakterentwicklung, wie wir sie von vielen Bewohnern beengter, übervölkerter Städte oder Stadtbezirke kennen, aus der Enge des Wohnraums, der Ausweglosigkeit im buchstäblichen Wortsinn herrührt. Man hat keine Ausweichwege, wenn man aneinander zu geraten droht, es gibt nur noch das aggressive Vorwärts. Wie kommt es dann aber, daß die Bewohner ländlicher Gegenden, in denen keine räumliche Beengung das kindliche Unabhängigkeitsstreben hemmte oder die kindlichen Phantasien allzu früh auf die manipulierbaren Illusionsmittel der Massen hindrängte – wie kommt es, daß diese Menschen nicht weniger als die Stadtbewohner kollektivem Aggressionswahn, zum Beispiel dem nazistischen, verfallen sind? Man sollte doch meinen, wer so viel räumliche Freiheit hatte wie ein Dorfkind, der müsse nicht ausziehen, um anderen Land und Leben zu nehmen.

Ist man überhaupt bereit, den Kindheitserfahrungen eine unter Umständen das ganze weitere Leben lenkende oder beeinflussende Bedeutung für die Charakterentwicklung zuzuschreiben, so ist dieser Einwand bedenkenswert genug. Er zeigt nämlich, wie vorsichtig wir bei allen Aussagen über Motivationszusammenhänge sein müssen, die menschliches Verhalten beeinflussen. Es ist deshalb unerläßlich, sein Bewußtsein dafür zu schärfen, daß der gleiche Tatbestand in verschiedenen Gesamtsituationen – etwa dem Leben einer Dorfgruppe oder einer Stadtgruppe – völlig verschiedenes Gewicht erhalten kann. Die sozialen Konformitätszwänge des Dorfes können aus ihrer Eigenart heraus so viel Aggression speichern, daß weder der freie Auslauf der Kindheit noch die zu kurz geschulte Intelligenz in der Lage sind, ausreichende Entspannung zu bieten. Andererseits ist der in zunehmend ausdrucksärmere Arbeitspositionen verbannte Städter, von dem ein hohes Maß an Arbeits- und Verkehrsdisziplin – also Unterdrückung der motorischen Bedürfnisse – verlangt wird, zu Hause auf ein Minimum von Spielraum und Rückzugsmöglichkeiten und auf das Angebot natürlichen Auslaufes angewiesen

– also auf eine vernünftige Lokalisation seines Wohnraumes im Rahmen der städtischen Umgebung –, soll er emotionell im Gleichgewicht bleiben. Die Zwänge, die auf ihn wirken, sind recht verschieden von denen, die vor der permanent fortschreitenden Industrialisierung und Siedlungsballung »Gesellschaft« ausmachten; aber sie widerfahren ein und demselben Naturwesen Mensch, das sich seine Geschichte macht. Es ist anpassungsgewandt wie sonst kein Lebewesen, aber es will doch in allen Zeiten auf verschiedene Weisen die gleichen Bedürfnisse befriedigt haben, um die gleichen Glücksgefühle zu erfahren. Wo die persönliche Wohnwelt so eingeschrumpft ist, so zusammengestaucht ist wie beim Durchschnittsmenschen unserer Tage, muß alles, was das Minimum an Glücksmöglichkeiten von außen durch allzu große Pferchung stört, jene Charakterverformung befördern, die man (unscharf genug) *Vermassung* nennt, womit ein *hoher Grad von Schutzlosigkeit* im konformen Verhalten gemeint ist. Vermassung stellt aber keineswegs, wie oft behauptet wird, eine notwendige Folge des Daseins von Massen dar. Vielmehr ist sie das Produkt der Mißachtung biologischer Grunderfahrungen, die dem Menschen im Laufe seines Lebens zugänglich werden müssen, wenn es ihm gelingen soll, seinen Kopf in allen Stadien der Massenerregung obenzubehalten. Diese Grundbedürfnisse können durchaus auch gewahrt werden, wenn die Zahl der Lebenden wächst. Freilich geschieht eine derart sprunghafte Vermehrung der Bevölkerung nicht, ohne daß nicht auch eine Herausforderung an die kritische Vernunft zu einer adäquaten Lösung ihrer Lebensprobleme gestellt würde. Was mit der Zahl mitwachsen muß, ist also das kritische Bewußtsein, das Bewußtsein für die Problematik der Lage. Ich nenne es deshalb eine durchaus im Geiste schwache, der Situation gar nicht gewachsene Lösung,

Wohnung in einem Größenzuschnitt, in solcher ideenloser Aufreihung und mit so mangelhaftem »Nebenraum« für Spiele und Erholung, ohne lebendige Treffplätze, zu planen und zu bauen – von den inneren Mängeln abgesehen –, wie bei uns seit dem Kriegsende geschehen.

Ein gutes, zum Beispiel familiäres, Wohnklima läßt sich nur dort erreichen, wo zwei Bedürfnissen genügt werden kann: dem *Kontaktbedürfnis* der zusammen Hausenden – in einer heruntergekommenen, aber ursprünglich guten Sprachfloskel: dem geselligen Beisammensein – und zugleich dem *Bedürfnis nach Alleinsein*. Das heißt, eine Wohnung soll Sammelplätze und von den Teilnehmern einer Gruppe respektiertes Sonderterritorium des Einzelnen enthalten. Die Kunst, zu Hause zu sein, ist also an die seelische Verfassung der Bewohner ebenso wie an vernünftige Räumlichkeiten geknüpft. Eines bedingt das andere im Kreisschluß. Um noch einmal an den dämmrigen Korridor zu erinnern: zur Heimat wird ein allmählich dem Unheimlichen abgerungenes Stück Welt. Damit ist ein außerordentlich wichtiger Fortschritt in der individuellen Entwicklung bezeichnet, der von Angst zum Erlebnis von Angstlust führt, ohne die es keine Erkundung der Welt gegeben hätte. Für viele Menschen bleibt etwas von diesem Unheimlichen im Wohlbekannten erhalten; sie fühlen es beim Gang in den Keller oder beim nächtlichen Betreten der Wohnung.

Heimat hat aber noch einen Aspekt in sich: das Heimliche. Manch einem fallen dabei die Stimmungen von Glück und Verzweiflung ein, die er in seinem ersten eigenen Zimmer in der heimatlichen Wohnung durchmachte und die ihn zum ersten Mal fühlen ließen, wie sehr er Individuum, Einzelner und auch in manchem Einsamer bei allem Kontakt mit den anderen war. Wenn man diese beiden Pole: Heimlichkeit und Gemeinsamkeit, als Funktionspole einer Wohnung bezeichnet, so gerät der Anthropologe angesichts einer Vielzahl neugeschaffener Wohnungen in einen erheblichen Widerspruch zum Architekten.

Es hat sich doch etwas zugetragen, was den restaurativen Charakter, der in unserem Lande herrscht, sehr beispielhaft zeigt. Die Wohnung wird nicht zuerst unter dem Gesichtspunkt der natürlichen Bedürfnisse gesehen, denen sie zu dienen hat, sondern der Struktur unserer Gesellschaft entsprechend entweder unter Ausbeutungs- oder unter Prestigegesichtspunkten; sie demonstriert Herrschaft und Status. Die anderen, das heißt die kultur- und lebensnotwendigen Funktionen sind dem nachgeordnet. Nebenbei: das ist ein Charakteristikum, an dem man eine auf innere Zukunft von einer auf innere Vergangenheit orientierten, mit anderen Worten: eine lebensvolle von einer entleerten, restaurativen Gesellschaft unterscheiden kann. Die Entwürfe der Architekten spiegeln hier zumeist naiv die starren, schon fast wieder kastengeprägten gesellschaftlichen Normen. Ein Mensch ist im Kommen, der nach den wenigen, um Individualität ringenden Jahrzehnten zu Anfang des Jahrhunderts sich selbst wieder ganz in Rollen und ihrer Erfüllung versteht. Es wäre ein Mißverständnis, zu meinen, wir würden bestreiten, daß die Wohnung immer auch als Medium der sozialen Mitteilung aufgefaßt wurde. Da gibt es feine Unterschiede. Bei uns könnte man das Sprichwort abwandeln: zeige mir deine Wohnung, und ich sage dir, wer du bist. Das gilt für die Länder, deren Geselligkeit sich weitgehend in den Privatwohnungen abspielt. In Frankreich, wo es zu den extremen Vertrauensbeweisen gehört, in die Wohnung eingeladen zu werden, ist die Sozialfunktion der Wohnung etwas anders artikuliert. Sie hat fast ausschließlich den Bedürfnissen der Bewohner, nicht deren Geselligkeit zu dienen. In England wiederum ist es der großstädtische Wohnbereich, »the adress«, der mehr ins Gewicht fällt als die Ausstattung. Ohne Zweifel drückt sich darin auch ein Erstarrungszeichen, eine Entmischung der Sozialschichten aus. Das konformistische Ideal ist aber von der tradierten Klasse, nicht so sehr vom Konsumstandard abgeleitet.

In unserem Lande, dessen Möblierungskomfort an sich hoch ist, dessen Raumzuschnitt jedoch für den großen Durchschnitt – vor allem in den neugebauten Wohnungen – weit unter den natürlichen Minimalbedingungen liegt, muß sich ein Demonstrieren der Status-Rolle, wenn sie zu hoch gegriffen ist, besonders nachteilig auswirken. Ich denke dabei an die fixe Idee, jede Wohnung müsse einen großen »livingroom« enthalten; er hat den alten Salon als Statussymbol abgelöst. In so beschränkten Verhältnissen ist er zu einer absurden Konvention geworden. Oft wird mehr als ein Drittel der Nutzfläche diesem Repräsentationsraum geopfert. Dann erinnert er an ein Fürstenzimmer ohne das Schloß im Hintergrund. Zur Geselligkeit, wenn sie nicht zu einem Rollenritual geworden ist, genügt ein Raum, nicht viel größer als die Zahl der gewünschten Sitzplätze. Wenn schon gespart werden muß, dann kann es unbesorgt hier geschehen, wo zwecklos verschwendet zu werden pflegt. Da die restlichen Räume dann oft so klein geraten und voneinander so unvollkommen abgeschirmt sind, daß man sie kaum als Rückzugsreservate nutzen kann, herrscht im großen Wohnraum jene permanente Stimmung der Gereiztheit, die ganz notwendig entstehen muß, wenn es den Bewohnern nicht möglich ist, *zwischen Sozialwesen und Individualwesen zu oszillieren,* weil der unphysiologische Grundriß sie daran hindert.

Gerade die Verteuerung des Wohnens und die als Konsequenz eingetretene Beschneidung der physiologischen Wohngröße (Symbol: jene platzsparenden Badewannen, in denen man sitzen muß wie in einem Hockergrab, statt sich wohlig zu entspannen) – gerade diese Mißstände zeigen, daß die Probleme der Massengesellschaft nicht mehr von den Fachleuten des jeweiligen Sachbereiches allein gelöst werden können. Viele der kulturellen Selbstverständlichkeiten der Zeiten vor der großen Menschenballung sind verloren gegangen und damit auch zum Beispiel Wohnbedingungen, welche einen Teil der Voraussetzungen für das Erlebnis Heimat und Freiheit boten. Wenn uns die kulturelle Reifung der Menschen unseres Landes ein erstrebenswertes Ziel ist, dürfen wir nicht geistlose Entscheidungen treffen, die bestenfalls domestizierte, dressatgehorsame Schmalspurexistenzen wachsen lassen. Geborgenheit, Heimat und Freiheit sind keine Himmelsgeschenke auf Dauer, sondern langsam sich verwirklichende Erfahrungsgestalten. In unserer Zeit gar nicht anders erreichbar als durch geduldiges Nachdenken über die Methoden, mit denen sich Menschen selbst als Sozialwesen gestalten; dabei wird sich herausstellen, was erreichbar ist und was unerreichbar wird oder bleibt. Gründe genug, über uns in unseren Wohnungen den Kopf zu schütteln.

Großstadt und Neurose

Notiz
Die Bemerkungen dieses Abschnittes stehen nur in einem
mittelbaren Zusammenhang mit den Fragen der Städte- und
Regionalplanung. Sie handeln von gegenwärtigen Leiden und
Krisen und lassen die Frage offen, inwiefern die städtische
Umwelt an ihrem Zustandekommen beteiligt sein könnte.
Unsere Überlegungen werden mit der Absicht angefügt,
etwas zum besseren Verständnis erlebnisbedingter Krankheit beizutragen. Besser sagen wir: erlebnisbedingten Verhaltens; denn oft registriert weder Individuum noch Gruppe,
daß es sich um pathologisches Verhalten handelt. Wenn hier
ein verfeinertes Verständnis sich ausbreitete, könnten vielleicht die groben Fehlentscheidungen in der Stadt- und
Wohnungsgestaltung vermieden werden, weil Zusammenhänge im Denken und Beobachten aufgedeckt sind, die bisher unbemerkt wirkten. Natürlich knüpfen wir keine um-
wälzenden Hoffnungen an die Lektüre dieses Kapitels.

Ein Titel wie dieser: Großstadt und Neurose, möchte sich
schon als Diagnose aufspielen. Wie zu den Reisfeldern die
Malaria, zu den Bergwerken die Staublunge, zur mittelalterlichen Stadt der Überfall der Pest, so gehöre zur Großstadt
die Neurose. Vorsicht ist am Platz, denn nach dem bisherigen Gang unserer Überlegung ließe sich manches Argument
für die These finden, Großstadt, wie sie historisch nun einmal geworden ist, sei das Produkt einer seelischen Verfassung, die man nicht so ohne weiteres gesund nennen könne;

zum Beispiel, wenn wir an die Angstabwehr mit Hilfe der Tabuierung des Grundbesitzes denken. Das ließe sich als endemische Neurose auffassen, die sich von Generation zu Generation überträgt.

Im übrigen müßte man wissen, was mit der Krankheitsbezeichnung »Neurose« gemeint ist. Das Lübeck von Thomas Manns *Buddenbrooks* ist doch keine Großstadt. Liest man dieses Buch, so kann man sich kaum einer Variation des Goethe-Wortes enthalten: Lübeck steckt voller Merkwürdigkeiten, voller skurriler Typen, die man, im modernen Sprachgebrauch, unzweifelhaft als neurotisch bezeichnen muß.

Das Genf Calvins, das Florenz Savonarolas sind starke und beklemmende Erinnerungen an das Leben relativ kleiner Städte mit weiträumig in die Weltgeschichte auslaufenden Geisteskämpfen, bei denen es um die Diktatur durch Menschen ging, die von ihrem inneren Anspruch verzerrt wurden. Man mag es unzulässig finden, von Calvin und Savonarola bis hin zu den Rassenfanatikern in den Kleinstädten des amerikanischen Südens als von Neurotikern zu sprechen; aber haben die bedeutenden und erfolgreichen Anführer nicht oft ein neurotisches Wachstum ihrer Gemeinden diktiert, und das auf Generationen hinaus? Wenn also jemand die Lust verspüren sollte, rein deskriptiv ein Kapitel »Großstadt und Neurose« mit der Hypothese zu schreiben: Großstadt schafft Neurose, so müßte man ihn daran erinnern, daß in der Weltliteratur durch klassische Romane das Thema »Kleinstadt und Neurose« bereits aufs glänzendste abgehandelt worden ist.

Aber wir wollen diesen Affekt gegen die Großstadt, der bis auf die Zeiten Babylons zurückgeht, ein Stück weiter verfolgen. Die Großstadt ist, so heißt es, ein gefährliches Pflaster für den Fremden. Die Fremdheit, die Undurchsichtigkeit schafft Angst und Abenteuer. All diese Affekte gehen darauf zurück, daß die Großstadt, eben wie Babylon, die große Hure ist. Jean Jacques Rousseau hat in jüngeren Jahren in seiner *Nouvelle Héloise* in etwa 20 Briefen Satiren von Voltairescher Schärfe gegen Paris geschrieben, mit der ganzen Verachtung des Stifters und Apostels der Gegenbewegung »zurück zur Natur«. Was schrieb aber der ältere Rousseau in seinen *Bekenntnissen*? »Das, was man ist, wird man durch Paris.«

Der vagen Behauptung, Großstadt erzeuge Neurose, darf man also mit einer auf viel Erfahrung sich stützenden Gegenbehauptung erwidern, daß die Großstadt das probateste Mittel gegen viele andere Neurosenquellen sei: gegen alle Folgen der Enge und Stagnation des Zweitrangigen, der Intoleranz, des Sich-Aufspielens, des unentrinnbaren kollektiven Zwangs, der scheinheiligen Beobachtung und verborgenen Tyrannei. Wer auf Ehescheidungsrekorde, auf Alkoholismus, auf Prostitution, Homosexualität und Kriminalität als »Sumpfblüten« der Großstadt hinweist, den möchte man fragen, ob er noch nie von der Trunksucht auf dem Lande, noch nie vom lebenslänglichen Martyrium von Frau und Kind in patriarchalischen Verhältnissen, die nur wenig getarnte sadistische Perversion gedeihen lassen, gehört habe. Mit vorgefaßter Meinung kommen wir hier nicht weiter. Neurose ist überall, wo Verzweiflung ist, und Verzweiflung ist überall, wo Menschen sind.

Der Akzent liegt vielmehr auf der Tatsache, daß keine Umwelt des Menschen ganz und gar unentrinnbar und unveränderlich ist. Unzweifelhaft sind die vielen Großstädte unserer Zeit ein unerträglicher Ort des Aufenthalts; aber man kann diese Fehlentwicklungen nicht durch den Hinweis auf bessere Umwelten des Menschen anprangern. Wäre nämlich das Dorf nicht so stickig, die Provinzstadt nicht so provinziell langweilig gewesen, so hätte dieser Zug in die großen Metropolen nie stattgefunden. Stadtluft hat ja tatsächlich zunächst einmal frei gemacht.

Worum es uns geht, ist die Verbesserung der großstädtischen Umwelt, und das wird man nur erreichen können, wenn man in der Tat Bedingungen verbessert, die nach der biologischen Anlage des Menschen zu krankhaften Verhaltensformen führen müssen.

Immerhin ist es eine außerordentlich bemerkenswerte Tatsache, wie zäh die Städter unserer Zeit zu ihren Städten gehalten haben, denn nach fast vollkommener Zerstörung haben sie ihre Städte nicht hinter sich gelassen und sind keineswegs aufs Land ausgewandert. Die Soziologen nennen diese katastrophalen Belastungen standhaltende Ausdauer im städtischen Milieu »Stadtfestigkeit«. Die Nachkriegsjahre haben uns bewiesen, daß die Bevölkerung der Städte eminent stadtfest ist, daß sie aus allen Verlagerungen, Evakuierungen mit ihren Produktionsmitteln oder privater Habe oder auch Armut unter Aufbietung aller Kräfte den Weg in die Stadt zurückerobert hat. Denn diese Stadt ist ihre Heimat, oder, um es wiederum mehr in der Sprache der modernen Verhaltensforschung zu formulieren: die städtische Umwelt hat die Städter geprägt und dieser Prägung entläuft man nur schwer, selbst wenn man notgedrungen andere Umwelten, wie zum Beispiel dörfliche, kennen und wohl auch bis zu einem gewissen Grad schätzen gelernt hat.

Diese Vorbemerkung galt der Abwehr von Vorstellungen, die Stadt, insbesondere die Großstadt, sei aller Übel Anfang; es war aber auch an die stillschweigende Treue ihrer

Bewohner zu erinnern. Es geht demnach um ambivalente Gefühle. Je mehr Menschen in Zukunft ihr Leben ausschließlich in den Agglomeraten führen werden, desto entscheidender wird die prägende Kraft dieser Städte für die Verfassung der Menschheit ins Gewicht fallen.

Die Lebensformen des Menschen in der industrialisierten Gesellschaft stellen eine der härtesten Belastungsproben dar, die er sich, seit er Umwelt schafft, arrangiert hat. Zweierlei ist im Gedächtnis zu behalten: 1. daß die Idylle von der »Natur« eine geschichtsunwirkliche, romantische Illusion darstellt; der Mensch der Hochkulturen bewegt sich immer in einer Kulturlandschaft, und je mehr Menschen auf dieser Erde leben, desto unausweichlicher muß sich auch das Land produktiv industrialisieren. Begriffe wie Kultursteppe, Waldkultur deuten dies an und zeigen deutlich die Herkunft des Wortes Kultur. 2. ist es müßig, sich den Kopf darüber zu zerbrechen, ob Großstädte ein angenehmes Lebensklima sind oder nicht. Für die Gesellschaft mit industrieller Produktion, für eine Massengesellschaft, die nur durch ein starkes Anwachsen der Dienstleistungen ihre Organisationsaufgaben bewältigen kann, ist die Großsiedlung eine unausweichliche Gegebenheit. Produktive Kritik besteht darin, Wege zu finden, wie das Milieu der Großsiedlung stärker kultiviert werden kann. Wobei hier das Wort »Kultur« in erster Linie die Durchformung der Affekte, also die Affektkultur, meint, weil sie die Grundlage zu einem bekömmlichen Lebensraum, den unzählige Menschen miteinander teilen müssen, darstellt. Die Krankheiten, die der Mensch im Zusammenleben mit der Natur sich zuzieht und die durch seine ganze Geschichte seine erbitterten Gegner waren, können wir heute fast alle beherrschen; sie haben ihren Schrecken verloren. Jedoch das Milieu der zweiten Natur, der technischen

Binnenräume, ist keineswegs in seinen pathogenen Faktoren so sicher beherrschbar wie das der ersten Natur. Welche Orientierung ist darüber möglich, ob es Störfaktoren besonderer, großstadt-spezifischer Art gibt, die den Entwicklungsweg des Individuums wie auch die affektiven Beziehungen der Individuen untereinander so belasten, daß Krankheit folgt? Bei diesen Krankheiten handelt es sich dann in erster Linie nicht mehr um Infektionen, chronische Ernährungsschäden u. ä., sondern um das Versagen der »vegetativen Steuerung« des menschlichen Organismus. Dieses Versagen der nervösen Anpassung steht regelhaft mit krankhaften Veränderungen jenes Ganzen psychischer Prozesse in Zusammenhang, die wir als Persönlichkeit oder Charakter bezeichnen.

Eine Krankheitslehre, die das Erlebnismoment berücksichtigt, hat in der modernen Medizin mit den Forschungen Sigmund Freuds und der Neurosenlehre der Psychoanalyse ihren Anfang genommen. Die sogenannte psychosomatische Medizin setzt diese Forschungsweise fort, indem sie auch solche Krankheiten, die bisher als rein »äußerlich« oder »konstitutionell« verursacht gedacht wurden, auf dem Erlebnishintergrund und in der Lebensgeschichte des Menschen eingezeichnet und in vielem vorgezeichnet wahrnimmt.

Wir müssen an den Leitgedanken unserer bisherigen Überlegungen erinnern. Zustände der menschlichen Gesellschaft – wie übrigens auch innere Verfassungen des Individuums – sind nie einseitig aus den Umständen (dem Grad der technischen Entwicklung, den ökonomischen Bedingungen, den Trägheitskoeffizienten von Institutionen, auch nicht aus dem Diktat, das Gruppen auf ihre Einzelglieder ausüben) zu erklären. Das Verhalten der Menschen, ihre Wertorientierung, ihre Beschränktheiten haben eine komplexere Herkunft. Wir vertreten die Auffassung, daß gesellschaftliche Zustände durch die individuellen Entscheidungen, durch die individuelle seelische Verfassung mit erhalten werden. Sie werden freilich vom Kollektiv nahegelegt. Im Laufe unseres Lebens erwerben wir uns ein Verständnis unserer selbst und der anderen. Zumeist ist es höchst unzureichend; darin liegt die wesentlichste Schwierigkeit, bestehende gesellschaftliche Zustände, und wenn sie sich noch so sehr zum Nachteil aller auswirken, zu ändern.

Die einzelnen Individuen kennen die Motivationen ihres Verhaltens so wenig, daß sie bei »bestem Willen« ihr Verhalten nicht ändern können, sie kommen an die wirksamen Triebkräfte und an viele andere seelische Prozesse in sich selbst gar nicht heran. Dadurch entsteht eine unfreiwillige Richtungskonstanz des Verhaltens. Die Beschränktheit dieses unseres Selbstverständnisses wiederum ist institutionalisiert. Die Institutionen haben einen eigenen Trägheitskoeffizienten, der seinerseits dazu beiträgt, daß sich die Werteinstellungen nicht so leicht wandeln. Wenn wir diesen Bedingungszusammenhang als richtig gesehen voraussetzen, wird deutlich, daß die Einschätzung spezifischer Fehlentwicklungen der Gesellschaft durch die Art des Selbst- und Fremdverständnisses ihrer Glieder bewirkt wird. In einer industriellen Großstadtkultur haben wir es mit für sie typischen neurotischen oder einer Neurose vergleichbaren leib-seelischen Fehlsteuerungen zu tun.

Zuerst ist festzuhalten, daß eine breite Skala von Verhaltensweisen, zum Beispiel Zwänge oder die Neigung zur Verdrängung, dem Willen, der Entscheidungsfreiheit des Individuums entzogen ist. Und doch vollziehen sich diese Reaktionen an ihm. Dies hat also die Neurose mit der Krankheit im weitesten Sinn gemein, daß sie ungerufen auftritt. Die alte Definition hingegen, daß »Neurosen Nervenkrankheiten ohne Organbefund« seien, ist vorläufig nur eine negative Vorstellung; sie wirft nichts für das Verständnis des Fehlverhaltens ab.

Psychoneurosen wie psychosomatische Erkrankungen werden dann undenkbar, wenn ein Lebewesen mit seiner Umwelt durch angeborene Verhaltensmuster fest verzahnt ist. In dieser Art ist im großen und ganzen die Umwelteinpassung der Tierarten geregelt; nicht die des Menschen. Denn Neurosen sind Anpassungskrankheiten, Reaktionsformen, die unter der Belastung der Forderungen aufgetreten sind, die im Zusammenleben der Menschen dem Individuum gegenüber geltend gemacht werden. Daß diese soziale Außenwelt gleichsam ins Innere des Individuums wandern kann, daß sie dann als ein Sozial-Gewissen, als Über-Ich, von innen heraus ihre Macht entfaltet, das ist bereits ein nächster Schritt der sozialen Adaptation.

Neurotisches Verhalten, das wissen wir seit Freuds Hysterie-Untersuchungen, stellt einen Protest gegen Anpassungsforderungen an die Sittengesetze dar, denen das Individuum offen nicht zu widerstehen, die es aber in der Tiefe seiner Triebnatur auch nicht hinzunehmen vermag. Zwischen unserem Wollen, unserem inneren Müssen und dem, was wir nach den Gesetzen unserer Gesellschaft sollen und dürfen, vollzieht sich ein ununterbrochenes Kräftespiel; und zwar an unserer Bewußtseinsoberfläche eher in einer beruhigteren Form als in der Tiefe unserer Person. Hier gibt es keinen endgültigen Frieden, hier stellen sich bestenfalls, solange Leben nicht erstarrt ist, wie Ludwig von Bertalanffy sagt, »Fließgleichgewichte« her. Die Einfügung in unsere Mitwelt kann immer nur hinlänglich befriedigend gelingen. Je gewalttätiger der Zwang ist, der ausgeübt wird, desto nachhaltiger wirkt der aus unserem Unbewußten gespeiste und von den unbewußten Anteilen unseres Ichs dirigierte Widerstand.

Haben sich die gesellschaftlichen Normen in den einzelnen Mitgliedern einer Gesellschaft nicht tief genug »verinnerlicht«, so wird es immer wieder Einzelne und Gruppen von Einzelnen geben, die sich offen über die Sittengebote hinwegsetzen. Die Asozialität, die dann auftritt, ist also ein primitiverer Aufstand als der des Neurotikers. Kann, in grober Vereinfachung gesprochen, der Kriminelle seine auf rasche Triebbefriedigung drängenden Impulse nicht in Schach halten und kennt er dabei keine Rücksicht, so lebt der Neurotiker häufig unter einer unerträglichen Gewissensnot; die Kontrollmächte der Gesellschaft verfolgen ihn bis in sein Innerstes. Mit ungreifbarer Gespensterhand, um eine Formulierung Heinrich Zimmers zu verwenden, wirken nun die dem Ich entfremdeten Triebkräfte in das Verhalten hinein, dessen rationale Pläne durchkreuzend. Verstimmung, Brutalität, Unduldsamkeit, zahllose Einstellungen und festgefügte Reaktionsmuster, unter denen ein Mensch leidet, die ihn beherrschen, denen er ausgeliefert ist, unter denen seine Umgebung ächzend mitleidet, sind dauerhafte Fernwirkungen einer nicht bewältigten Anpassung. Hiermit ist keineswegs allein eine passive Anpassung gemeint, in der man sich jedem Gebot der Gesellschaft blindlings unterwirft. Es gibt die überaus wichtige aktive Anpassung durch Widerstand und Auflehnung, indem sich nämlich das Individuum für seine Ansprüche ein ihm angemessenes Lebensrecht erkämpft. Wo schwere seelische Störungen aufgetreten sind, gelang weder die eine noch die andere Form der Anpassung, in welcher das Individuum noch befriedigenden Spielraum behalten hat.

In jedem Fall ist Neurose also durch eine Vertiefung der Spaltung zwischen bewußten, gewollten und unbewußt diktierten Verhaltensweisen zu charakterisieren. Wer sich darum bemüht, wird eine Fülle von Beobachtungen machen können, in denen sich bestätigt, wie unbewußte Triebbedürfnisse unbemerkt oder unter dem Deckmantel rationaler Begründungen sich im Verhalten von uns allen durchzusetzen vermögen. Damit ist zugegeben, daß es einer sehr ausdrücklichen Selbstverborgenheit bedarf, um sich der Illusion hinzugeben, man selbst habe keine Züge einer nicht geglückten Anpassung, man sei nicht mehr oder weniger deutlich selbst neurotisch. Damit ist kein Urteil gefällt, gegen das ein heftiger Protest sich lohnen würde, es ist vielmehr nur gesagt, daß wir alle uns teils produktiv, teils unproduktiv sozialisiert, unserer Gesellschaft eingepaßt haben und daß hier eine große Möglichkeit der menschlichen Fortentwicklung im Sinne der Befreiung von Verhaltenszwängen offen steht.

Als Faustregel kann man formulieren: Je rücksichtsloser das Individuum dazu gezwungen wird, gegenüber der Realität primitive Verleugnungsmechanismen anzuwenden, etwa zu verdrängen, Motive seines Handelns ins Gegenteil zu verkehren und ähnliches – je schlechter es also angeleitet worden ist, seine individuellen Bedürfnisse auf dem Wege der Vernunft im Einklang mit den Wünschen der anderen zu befriedigen – desto unausbleiblicher die Konflikte, desto hartnäckiger der Widerspruch der nicht-sozialisierten, nicht mit den Verzichten abgefundenen Triebnatur. Dann beginnen Unlust, Zerstreutheit, Konzentrationsmangel, Jähzorn, Zerstörungswut, grausame Rücksichtslosigkeit die Freiheit der Lebensführung einzuschränken. Mehr noch: unbewußt wirkender Zwang manövriert uns in Situationen, unter denen wir dann seufzen, für die wir schwer zu bezahlen haben, gegen die wir ohnmächtig rebellieren. Alfred Adler hat diesem Vorgang den Namen »Arrangement« gegeben. Fangen wir einmal an, uns genauer zu befragen, so kommen wir schnell dahin, uns viele solcher Arrangements, für die wir bisher Gott und die Welt verantwortlich machten, einzugestehen.

Der Einblick in die Ökonomie des seelischen Geschehens zeigt uns also, daß abgedrängte, aus dem Bewußtsein abgespaltene Triebansprüche zwar unserer Aufmerksamkeit sich entziehen, nicht aber aus dem Gesamthaushalt unseres seelischen Lebens verschwinden. Terroristisch unterdrückt, entfalten die Triebkräfte vielmehr im unbewußten Seelenleben eine ich-fremde, eine gegen die Herrschaft des bewußten Ichs gerichtete Tätigkeit. Sie suchen nach Ausdruck und Mitbeteiligung am Geschehen, nach Entlastung. Sie müssen alle Finessen der Überrumpelung gegen die von unserem Ich aufgerichtete Abwehr anwenden, um trotz dieser Einsprüche des Ichs die gesuchte Entlastung zu finden. Ihre Wiederkehr kann nur chiffriert erfolgen, als Fehlleistung, als diffuses oder eng umschriebenes Symptom.

Rigide Abwehrhaltungen gegen äußere Realität wie gegen innere Triebrealität, die als provozierend empfunden werden, Abwehrhaltungen, wie wir sie insbesondere in politischer Urteilsbildung finden, dienen häufig der Aufrechterhaltung eines ökonomischen Gleichgewichtes im seelischen Haushalt. Die so starr aufrechterhaltenen Vorurteile garantieren ein dosiertes Quantum Triebbefriedigung. Sie wirken sich nicht als Leiden für den Einzelnen unmittelbar aus – er fühlt sich bei seinen Vorurteilen durchaus wohl –, vielmehr behindert er eben durch die Rigidität seiner Haltung gesamtgesellschaftliche Anpassungsschritte an neue Lebenslagen. Zum Beispiel wird derjenige, der durch den Besitz an städtischem Boden oder gar durch Bodenspekulation seine Mitbürger aufs unmittelbarste schädigte, nicht nur nach rationalen Argumenten suchen, mit denen er seine Haltung verteidigen könnte, er pflegt vielmehr sein unbewußt bestehendes Schuldgefühl durch einen Affekt abzufangen; er gerät in Wut und mag von irgendwelchen seiner Meinung widersprechenden Argumenten »nichts hören«. Kein Zweifel, daß die politische Versippung von Individuen, die in derartigen Charakterformationen übereinstimmen, weit mehr noch als die faktische Ungleichheit im Besitz des Bodens und der Produktionsmittel fortschrittlicheren Lösungen entgegenwirkt.

Denn dies gehört auch zur Biologie, die neurotische Entwicklungen mit umfaßt, daß einmal erworbene Reaktionsformen, die der Abwehr von Konflikten, der Abwehr der Erinnerung an Traumen, der Abwehr auch unerlaubter Wunschregungen dienen, konservativ festgehalten werden und also recht eigentlich den inneren Fortschritt des Individuums – der eben auf Fließgleichgewichten beruht und nicht auf ein für alle Mal gegebenen Lösungen – hemmen. Neurosen sind Notlösungen um hohen Preis. Die Angst, der sie entstammen, wird so stark erlebt, daß dieser Preis immer wieder gezahlt wird, um der Angst zu entgehen. Auch eine zu den Grundlagen unserer Gesellschaft zählende Ideologie, wie die von der Unverletzlichkeit des Privateigentums, kann Teil einer (kollektiv-) neurotischen Angstabwehr werden. Diese Anbetung des Besitzheiligtums wird übrigens sofort vergessen, wo die großen Leidenschaften der Gegenwart ins Spiel kommen; etwa die Bewegungssucht. Für Straßen darf ohne Murren enteignet werden, nicht für einen Kinderspielplatz.

Wenn wir also politisch wirken wollen, so werden wir das nicht mehr durch die Verheißung einer besseren Zukunft,

sondern nur durch die Schaffung eines besseren Milieus kön-
nen – eines, in dem die Selbsterforschung als Aufgabe des
Menschen honoriert wird. Zwar stehen wir noch sehr am
Anfang unserer Einsichten in die kollektiven zeitgenössischen
Arrangements, aber wir haben doch immerhin erkennen und
wissen gelernt, daß die entscheidenden Grundlagen für die
spätere neurotische Entwicklung eines Menschen im ersten
Lebensjahrfünft gelegt werden. Später kann er vieles auf
eigene Faust. Aber bis er in die Schule kommt, muß ihm das
Milieu entgegenkommen. Hier wird bis heute mehr zerstört,
als man auch nur ahnt.

Deshalb unsere Anstiftung, überall dort unfriedlich zu
reagieren, wo dem Menschen in dieser Lebenszeit vermeid-
bares Leid geschieht. Schwerste aus der Umwelt herein-
brechende Belastungen können keine neurotische Fehlent-
wicklung erzeugen, wenn sie nicht in dieser Frühzeit durch
Traumen und Dauerverkrüppelungen seelischer Art vorbereitet worden sind. Rein aktueller Schock, selbst sehr
dramatisch erlebter, etwa die Begegnung mit einem Exhibi-
tionisten, selbst schmerzliche Verluste an nächsten Beziehungspersonen und mit ihnen endende Lebensgeborgenheit
werden adäquat, nämlich mit Angst, Abscheu, Trauer und
Verzweiflung, aber schließlicher Überwindung des Schmer-
zes beantwortet, wenn nicht das Selbst- und Lebensgefühl
in den frühen Entwicklungsphasen bleibende Schwächungen
erfahren hat. Das Milieu des Kindes wird hinsichtlich seelischer Gesundheit immer in erster Linie durch die ihm nahe
verbundenen Menschen bestimmt; aber auch durch die Möglichkeit, sich ein Territorium der Aktivität aneignen zu
können. Kollidieren hier Erwachsene und Kinder auf unglückliche Weise, dann haben die bleibenden Folgen die
Kinder zu tragen.

Unsere Großstädte sind Schwerpunkte des zivilisatorischen Fortschritts, besser: eines fortwährenden Umbaus; sie sind Experimentierlaboratorien, Schmelztiegel der Zeit. Ein weites Feld der Forschung liegt fast unbetreten vor uns. Welche zirkulären Bedingungen haben sich in diesen großstädtischen Lebensräumen zwischen den Gesetzlichkeiten des seelischen Erlebens und den Reizquanten der Außenwelt hergestellt? »Harte Lebensbedingungen« werden durch »große Versprechungen« ausgewogen. Was ist Überbelastung? Unter welchen Bedingungen sind die in Aussicht gestellten Gratifikationen integrierbar – also ich-stärkend –, unter welchen anderen fördern sie eine Diffusion der Persönlichkeit in Felder der Ersatzbefriedigung – sind sie ich-schwächend? Wir besitzen durchaus Maßstäbe, um uns zu orientieren. Wir können auch sagen, daß in den städtischen Agglomerationen ohne Zweifel große Irrtümer in der Beheimatung des Menschen begangen werden. Die Vorstellungen, die wir von der Welt haben, die Wertsysteme, denen wir Ewigkeitswert zusprechen, während unser faktisches Leben ihnen dauernd widerspricht – das alles hinkt dem rapiden Tempo der Umweltveränderung nach, die die alte Sozialverwurzelung auflöst. Diese Konsequenzen sind unausweichlich. So sicher es ist, daß wir eine verpflichtende Lebensordnung für die Gesellschaft der großen Siedlungsräume finden müssen, so sicher ist es, daß wir das nicht durch Verleugnung der Realität, durch Herumkommandieren, durch autoritäres Maskenspiel mit Rollen der Vergangenheit erreichen werden, sondern nur durch eine Steigerung unseres Bewußtseins. Nichts als eine vertiefte Einsicht kann helfen; und zwar sowohl in die materiellen Bedingungen, die Technologie unseres Lebens, wie in die Motivationen unseres Verhaltens, in die Struktur unserer eigenen humanen Biologie. Es nutzt äußerst wenig, wenn man einer großstädtischen vereinsamten Mutter, die ihr Kind nicht liebt und es unbewußt nicht anzunehmen bereit ist, ihre Pflicht gegenüber Gott vor Augen hält. Sie wird dann vielleicht allen äußeren Fürsorgeaufgaben obliegen, aber sie wird den ihr selbst unbewußten Akten ihrer Grundeinstellung der Kälte, der Fremdheit nicht gebieten können. Sie wird das Kind auf der Ebene nicht-sprachlicher Verständigung ihre wirkliche Einstellung fühlen lassen, und das Kind wird dies verstehen; es kann gar nicht anders als darauf eine neurotische Antwort geben. Viel hilfreicher wäre es, dieser Mutter ihre Haßgefühle wie ihre Schuldgefühle ein Stück bewußter zu machen, ihr bekäme es besser, dem Kind bekäme es besser. Die innere Entfremdung mit sich selbst wäre bei Mutter und Kind geringer.

Das eigentlich Zerstörerische der neurotischen Haltungen besteht darin, daß sie Antriebe, Motive, Wunschphantasien so weit vom bewußten Ich abspalten. Wir können dieser Regungen dann nicht mehr sprachlich habhaft werden, sie uns und anderen mitteilen. Statt dessen geben sie sich, unbewußt gesteuert, wie von selbst kund. Wir sind dann nicht mehr imstande, kritisch zu ihnen Stellung zu nehmen. Die Gefühlsbeziehung zwischen Menschen wird damit vergällt, ihre Zuneigung entschwindet. Entlaste ich durch psychotherapeutische Hilfe zum Beispiel die Beziehung zwischen Mutter und Kind, indem die Ambivalenz der Gefühle sichtbar werden darf, dann bedarf es aber für das Kind noch einer Hilfe durch das Wohnmilieu. Mit anderen Kindern muß es sich treffen können, um durch eigene Erfahrungen bereichert zur Mutter zurückkehren zu können. Solcher »Auslauf« entlastet beide ungemein und hilft zur Entspannung.

Je enger der Lebensraum, je ausschließlicher der ohnmächtige Mensch in seiner Kindheit wenigen Beziehungspersonen ausgeliefert ist, um so mehr Wert muß die städtische Gesellschaft darauf legen, das kritische Denken ihrer Individuen auf allen Gebieten des Lebens zu fördern und zu festigen. Der ganze Jammer restaurativer Gesellschaften packt uns an, wenn wir sehen, wie einstmals revolutionäre Bewegungen, wie etwa die der christlichen Religion, heute aus Selbstsucht ihrer Institutionen zu den großen Förderern der freiheitszerstörenden Mächte unserer Gesellschaft geworden sind.

Es hat einmal in unserem Lande einen Familienminister gegeben, der hinter seinem Schreibtisch ein groß dimensioniertes Bild eines Vogelnestes mit Eiern aufgehängt hatte. Offenbar verstand er dies als Sinnbild dessen, was man ihm zu schützen aufgetragen hatte. Es wäre aber für einen Minister, der die Sozialform der Familie zu betreuen hat, von besonderer Wichtigkeit gewesen, sich darüber klar zu werden, daß gerade diese Primärgruppe außerordentlich empfindlich auf Veränderungen der Gesellschaft reagiert hat. Die Ehe der ständisch-stabilen Gesellschaft war eine traditionsbestimmte und der Aufrechterhaltung der Tradition dienende Einrichtung. Das Individuum war den Traditionselementen untergeordnet; in der bäuerlichen und feudalen Schicht diente die Ehe der Erhaltung und Mehrung des Besitzes. Je nachdem, wie dies gelang, artikulierte sich das Selbstbewußtsein des Individuums. Familien versprachen bei der Geburt ihre Kinder einander zur Ehe; Liebesheirat im modernen Sinn war nur an der untersten, der proletarischen, nicht ständisch-traditionsgebundenen und nicht besitzgebundenen Schicht und allenfalls in der allerobersten, in der das Individuum sich über seine eigenen

Traditionsbeschränkungen hinwegsetzte, ein gelegentliches Vorkommnis. Für die breite Mittelschicht der Gesellschaft war die Liebesheirat ein atemberaubendes, gefährliches Abenteuer, zwar beneidet, aber doch eben nur auf der Ebene der Vorstellung, ein Liebäugeln mit außenseiterischer Selbständigkeit und eine Romanfreude. Unsere Gesellschaft hat diese Form der Partnerwahl zur Selbstverständlichkeit werden lassen. Es ist nun sehr schwierig, die echten Motive hinter den vorgeschobenen zu entdecken, welche die Entscheidung zur Ehe beeinflussen. In den eigentlich ideologieschaffenden Kommunikationsmitteln der Massengesellschaft werden die Leittypen entwickelt, an die sich die Affekte binden. Hier hat man gleichsam ein nicht zu umfängliches Album von Modellen vor sich, aus dem jeder »seinen Typ« (zuweilen ein Vorgang nicht sehr unähnlich der Wahl zwischen Automobilen) findet und dann auch im reichlichen Angebot des Alltages wiederentdeckt. Diese Identifikationen mit den Prototypen sind relativ oberflächlich und wandelbar. Wird eine Ehe unter einem derartig zufälligen Aspekt geschlossen, weil sich die Individuen wechselseitig mit ihrer Stilisierung auf einen konformen Phänotypus anzogen, so taucht plötzlich Fremdheit auf, wenn dieser Typus außer Mode geraten ist. Was zusammengeführt hatte, waren kollektiv-typische Appetenzen, Hungerstimmungen; psychologisch nennt man dies eine *Objektwahl auf narzißtischer Grundlage*. Soll aber eine solche Gesellschaft, die zudem die Stetigkeit von Besitzskeletten oder erblichen Privilegien verloren hat, funktionieren, so wird in ihr *Objektwahl auf der Anlehnungsbasis* verlangt; das heißt, es wird gefordert, daß das Individuum auf seinem Sozialisierungsweg als wesentliche Sicherheit gegen Selbstverlorenheit oder, positiv ausgedrückt, zur Sicherung der eigenen Identität die Fähigkeit entwickle, auch die anderen als Individuen, als motivierte, in ihren Gefühlen ambivalente Wesen zu verstehen und zu ertragen. Das stabilisierende Moment ist also immateriell geworden, es liegt in der Befriedigung und wechselseitigen Hilfe durch den Prozeß des Verstehens.

Wer also über die Stadtgestalt der Zukunft nachdenkt, tut gut daran, sich darüber klar zu werden, daß auch die Primärgruppen menschlichen Zusammenlebens nicht etwas sind, dessen Form ein für allemal feststeht. Nicht nur die Häufigkeit des Scheiterns der Ehe oder außerehelicher Intimbeziehungen sollte alarmierend auf uns wirken, sondern die Frage, was aus der Ehe werden soll, wenn es nicht gelingt, die Fortpflanzungs- und Aufzuchtprozeduren in neuen Sozialformen aufzufangen – oder vielleicht besser: durch ein neues Bewußtsein zu gestalten. Daß hier die urbanisierte Gesellschaft in einer elenden Verfassung sich befindet, kann nur leugnen, wer zur Aufrechterhaltung seines Gleichgewichts den Mechanismus der Idealisierung nötig hat. Thornton Wilder hat einmal denjenigen, die sich auf die hohen Scheidungsstatistiken in Amerika berufen, die stumme Statistik von 5000 Jahren Leid in unauflöslichen Ehen entgegengehalten. Dieser traurige Rückblick kann uns nur anfeuern, für eine Gesellschaft, die es dem Individuum so viel weniger erlaubt, früh zu stagnieren, Verhaltensmuster konstanter affektiver Beziehungen zu erfinden. Sie haben der zunehmenden kritischen Differenziertheit, dem Unabhängigkeitsstreben, dem hohen Niveau von Konsumbedürfnissen und manch anderem Rechnung zu tragen. In der zeitgenössischen Primärgruppe kann nicht mehr durch einfache Unterordnungsverhältnisse dauerhaft regiert und sozial reguliert werden. Bei aller Nivellierung, welche auf den großen Heerstraßen des Lebens besorgt wird, bleibt viel

Individuelles erhalten. Es gibt in unserer Gesellschaft einen Trend nach Mündigkeit, der natürlich auch in den intimsten Formen des Zusammenlebens sich Ausdruck verschaffen will.

Man wird sich also darüber klar sein müssen, daß wiederum eine Gegenläufigkeit zweier Entwicklungstendenzen das Geschehen in Wahrheit bestimmt. Die Konsumgesellschaft mit ihrer Markttypisierung fördert die narzißtische Objektwahl, man darf sagen, mit höchstem Raffinement. Diese wiederum fördert die Isolierung der Individuen voneinander. Sie möchten aber – und dies ist die Gegenläufigkeit – gerade aus dieser Isolierung heraus, möchten über eine Verständigung auf der Ebene von Stereotypien hinauskommen, um zu so etwas wie haltbaren mitmenschlichen Verständigungen zu gelangen. Auf der Konstanz allein können wir unsere Identität als Affektwesen aufbauen. Zur Identität beruflichen Spezialistentums, das so überaus schmal in seinem Erprobungsbereich geworden ist, muß die Identität *kluger Gefühle* als Rückhalt treten, wenn überhaupt Individuierung, individuelle Entscheidungsfreiheit als gesellschaftlich akzeptiertes Ziel des menschlichen Lebens angesehen wird. Identität kluger Gefühle bedeutet, daß im Lauf des Lebens gelernt wird, Gefühle in den Bereich des Nachdenkens gelangen zu lassen. Solche Reflexion macht die affektive Zuwendung dauerhafter als ein momentaner Triebhunger. Derart vertiefte Erlebnisfähigkeit wird sich sicher auch in anderen Objektbeziehungen kundgeben, zum Beispiel in der Gestaltung des Wohnraumes, in der Ansprechbarkeit auf die Umwelt, und zwar innerhalb verschiedener Ebenen. Nachdenken, das der Welt außerhalb meiner selbst gilt, wird meine Fähigkeit, Umwelt zu beeinflussen, erhöhen. Um unsere Städte anders wachsen zu lassen, als es jetzt geschieht, müßten wir uns erst wieder für sie verantwortlich, von ihnen angesprochen fühlen. Die Städte aber werden nicht ansprechender werden, bevor wir nicht über sie *mit Leidenschaft* nachgedacht haben.

Es bleibt ungewiß, wie diese Wendung herbeigeführt werden kann. Denn die Großzahl der Menschen ist von den spannenden Erfahrungen des Gestaltens, des selbstverantwortlichen Handelns abgeschnitten. Hier entspringt eine zwanghafte Langeweile, zu der eine unbewußt entstandene Reizbarkeit, ein ungesättigtes »dramatisches Bedürfnis« gehört. Ein großer Funktionsbereich der monotonen städtischen Agglomerationen bietet sich dem nach Ersatzbefriedigung Suchenden an. Im Fernsehen ist diese Technik aus den Vergnügungszentren in die Wohnungen eingewandert. Fernsehen etwa ist ebenso wenig schädlich, wie Wein schädlich ist, krankhaft ist lediglich die Unfähigkeit, mit dem lust-versprechenden Angebot umgehen zu können. Für den nicht asketisch begabten Zeitgenossen wird dies nur möglich, wenn ihm die Gesellschaft auch Lustbefriedigungen in Aussicht stellen kann, an denen er wachsen kann – und dies nicht auf einer Ebene, die mit vergangenen Sittlichkeitsidealen operiert, zum Beispiel mit einem, das sich mittels eines mit schönen Eiern belegten Nestes darstellen läßt.

Es schien uns wichtig, noch einmal auf das dauernde Entgleisenkönnen menschlichen Verhaltens – auch unter perfekten Komfortbedingungen – hinzuweisen, bevor wir schließen. Die Suchtformen, die wir allerorts in unserer Gesellschaft antreffen, zeigen uns, daß elementare Hoffnungen und Wünsche des Menschen auch in der Überflußgesellschaft unbefriedigt geblieben sind; daß auch das von Hunger und Seuche befreiende Potential der Industriezivilisation vorerst mächtige Tribute an Lebensglück von jedem

Einzelnen fordert. Das läßt sich gewiß nicht durch formale Planung der Siedlungsregionen allein auffangen; aber es läßt sich doch viel – weit mehr, als die konservativen Kräfte unserer Gesellschaft zuzugeben bereit sind – von den gesellschaftszerstörerischen Tendenzen, die in uns allen sind, in ein konstruktives, sozial integratives Verhalten verwandeln, wenn die Frühphasen des menschlichen Wesens als eines Stückes primärer Natur nicht allzu sehr durch das Milieu deformiert werden. Hier geht es um relativ einfach erreichbare Verbesserungen des städtischen Daseins. Es ist durchaus keine utopische Hoffnung, zu glauben, daß durch das Vermeiden einer frühen Neurotisierung des Menschen die späteren hochkomplizierten Konfliktsphären sich nicht wesentlich entschärfen ließen, nämlich insofern, als der Einzelne dann nicht mehr gezwungen ist, unbewußt für die Traumen und die Enttäuschungen seiner Kindheit Rache zu nehmen – das große, fast unerkannte Motiv, aus dem das Unbehagen in der Kultur sich nährt.

Die Therapie der Zivilisationskrankheiten – für welche der Name der Neurosen nicht ausreicht – ist in dem Augenblick in ein neues Stadium eingetreten, in dem wir begonnen haben, Krankheitsfaktoren nicht nur in der Umwelt zu suchen, sondern sie durch das Mittel der menschlichen Selbstbefragung *in uns* zu entdecken. Hier offenbart sich die ganze Schwäche unserer Ich-Identität. Aber dieses Ich ist zugleich auch historisch die jüngste aller seelischen Äußerungen; mit vollem Anspruch tritt es in der Geschichte lange nach den Triebbedürfnissen, lange nach den Forderungen des sozialen Gehorsams als Mitlenker unseres Lebensgeschickes auf. Ein unverklärter Blick auf die Realität sagt uns, daß die Menschen aller Schichten sehr viel ich-schwächer sind, als sie es nach ihrem Selbstbewußtsein wahrhaben wollen. In den großen Konflikten, auch in solchen, die ihr Gewissen schwer belasten müßten, zeigen sie sich in höchstem Maße kollektiv abhängig. Die »Man«-Welt ist ein Riese, die Ich-Welt ist ein Zwerg. Nur wenige bewegen sich darin wie David oder das tapfere Schneiderlein.

Alexander Mitscherlich
im Suhrkamp Verlag

Gesammelte Schriften in 10 Bänden. Herausgegeben von Klaus Menne.
Leinen (mit Ausnahme der Bände II, IV und VIII auch einzeln lieferbar)

Einzelausgaben

Alexander Mitscherlich zu ehren. Provokation und Toleranz. Festschrift zum siebzigsten Geburtstag. Herausgegeben von Sibylle Drews, Rolf Klüwer, Angela Köhler-Weisker, Mechthild Krüger-Zeul, Klaus Menne und Horst Vogel. Leinen

35/1/4.91

Psychoanalyse, Psychologie, Sozialpsychologie
in der edition suhrkamp

313/2/2.92

Neue Historische Bibliothek
in der edition suhrkamp

Neue Historische Bibliothek
in der edition suhrkamp